Inhalt.

Wenn Sie glauben, mit dem Worte „Sozialismus“ jemand Schrecken einflößen zu können oder Gespenster zu zitieren, so stehn Sie auf einem Standpunkte, den ich längst überwunden habe und dessen Überwindung für die Reichsgesetzgebung durchaus notwendig ist.

Bismarck im Reichstage, 4. 6. 1882.

I. Zur Einleitung.

1. Soziale Kultur.

Ich will nicht den unnötigen Streit über den Kulturbegriff vermehren, sondern einfach sagen, was in diesem Hefte unter dem Worte verstanden wird. Dabei gehe ich aus von der einzigen unumstößlichen Tatsache menschlichen Daseins: dem Leben.

Sein oder Nichtsein? Das ist die Frage, die vor jeder Erörterung entschieden sein muß. Nach der persönlichen Empfindung des einzelnen. Denn weder der Wert noch der Unwert des Lebens läßt sich „beweisen". Ich bejahe das Leben, mit aller Kraft, unter allen Umständen, und nenne Kultur alles, was Leben schafft und Leben fördert.

Kultur ist Leben!

Die größte Kulturtat des letzten Jahrhunderts ist die Verdreifachung der Menschenzahl in Europa und Amerika. Die Bewohner des schwarzen Erdteiles haben allen Grund, der Beglückung mit „europäischer Kultur" sehr zweifelnd gegenüber zu stehen, solange ihre Zahl dadurch vermindert wird. Daß seit einem Menschenalter die durchschnittliche Lebensdauer in Deutschland um fünf Jahre zugenommen hat, bedeutet mehr Kultur als ein Dutzend neuer Weltanschauungen.

Aber nicht nur die Quantität des Lebens entscheidet, sondern auch die Qualität. Nicht nur die Zahl der Lebenden und ihrer Jahre, sondern auch die Fülle und Tiefe dessen, was sie durchmachen, fühlen.

Der Mensch lebt, um zu erleben!

Es ist nicht wahr, daß Naturmenschen und Kinder besser daran sind als Kulturmenschen; sie haben keine Ahnung von dem, was dieser empfindet, im Glücke und im sogenannten Schmerze, der auch Leben ist, tiefstes, innigstes Leben. Und wenn es wahr ist, daß der Mensch im Augenblicke des Todes mehr erlebt als in vielen Jahren, dann ist auch das Sterben ein Stück Kultur.

Soziale Kultur ist die Kultur der Masse; ist das Streben nach der Hebung der Volkskultur, die Schaffung von Lebensmöglichkeit für Millionen, die Hebung und Vertiefung des Lebens und Erlebens eines ganzen Volkes. Ich streite nicht darum, welches das größere, wichtigere sei: das ragende Einzelgenie oder das Aufsteigen der Masse. Auch hier läßt sich nichts „beweisen". Gefühl ist alles! Was ist mehr: Schiller oder die allgemeine Volksschule? Daß Griechenlands Kriegerhaufen einen Homer fand, oder daß Deutschlands Zehnmillionenheer keine Analphabeten aufweist? Daß einer den ragenden Gipfel erklimmt, von dem er dem Volke neue Aussichten weist, oder daß siebzig Millionen auf die Vorberge kommen, von denen aus sie erst begreifen können, was jener ihnen zeigen will?

Das eine ist so notwendig wie das andere. Wenn hier soziale Kultur gepredigt wird, so deshalb, weil die Kultur der Massen das neue, das große ist, was unsere Zeit gebracht hat. Und wenn es wahr ist, daß alle Kultur von wenigen ausgeht, daß aller Fortschritt von einzelnen gemacht wird, so ist ebenso wahr, daß der Fortschritt um der vielen willen gemacht wird, daß die Kultur erst ihren Zweck erreicht, wenn sie, sich verbreiternd, die Millionen des Volkes umfaßt.

Wer sich diese Synthese von Persönlichkeit und Masse, von Individualismus und Sozialismus veranschaulichen will, der denke an unser Heer im Felde. Ohne den genialen Strategen an der Spitze der Ostarmeen wäre Ostpreußen nicht von Russen frei. Aber ohne den letzten Mann seines Millionenheeres hätte Hindenburg die Pläne nicht durchgesetzt.

Ob der Krieg Kultur sei, soll nicht des näheren erörtert werden. Ein Armutszeugnis unseres Willens ist es, daß so viele notwendige und segensreiche Kulturtaten erst durch den Krieg veranlaßt werden. Eine soziale Tat im höchsten Sinne ist es, wenn die Hunderttausende Gesundheit und Leben wagen, „damit unsere Kinder es gut haben". Und für viele ist das Erleben eines Kriegsmonats, ist der Schlachtentod wertvoller als ihr übriges Dasein.

Aber auf jeden Fall ist der Krieg ein gewaltiger Rüttler und Lehrer. Ein Mahner unseres Gewissens, ein Aufpeitscher unseres Willens. Und nichts dröhnt gewaltiger an unser Ohr als die Überzeugung vom Sozialen. Dem erwachten Drange die Wege zu weisen, daran möchten auch die folgenden Aufsätze in bescheidenem Maße mithelfen. An die Spitze setze ich eine „soziale Predigt", mit der ich vor vier Jahren ein Heftchen von „Aphorismen zu brennenden Fragen" eingeleitet habe („Soziale Rechte und Pflichten", Jena 1911). Und an den Schluß meinen Beitrag „Zur Jahrhundertfeier auf dem hohen Meißner" („Freideutsche Jugend", Jena 1913). Die übrigen Abhandlungen sind meist in der Kriegszeit geschrieben und zum Teile in Zeitschriften veröffentlicht worden. Sie stimmen in ihren Grundgedanken mit dem überein, was ich auch früher schon in Wort und Schrift zu lehren suchte:

Eine Volksgemeinschaft, die wie unser Deutsches Reich den Einsatz des letzten Bürgers für ihre Erhaltung fordert, darf auch im Frieden kein anderes Ziel kennen als soziale Kultur; das heißt: das größte Glück der größten Zahl, beruhend auf der höchsten Leistung aller!

2. Neue Werte.

Wer ein Ideal hohen, innerlich reichen Menschentums hinstellen will, der pflegt den Namen Goethes zu nennen. Wie viele von denen, die so sprechen, wissen, was sie sagen; machen sich eine Vorstellung davon, wie unmöglich der tatsächliche Goethe des achtzehnten Jahrhunderts im zwanzigsten Jahrhundert sein würde. Immerhin mag die Sehnsucht des einzelnen nach jenem erhabenen Egoisten gelten. Wenn uns aber die Zeit Goethes als allgemeines Ideal vorgehalten wird, dann müssen wir protestieren. Denn jene „Zeit" wäre nicht nur heute unmöglich, sondern sie war auch viel trauriger als die Gegenwart. Was die Lobredner uns künden von Weimar, Jena und anderen Stätten behaglicher, innerlich reicher Kultur, das bezieht sich auf ein paar hundert auserlesene Männer und Frauen, deren Leben und Meinen allein uns überliefert sind. Was wissen jene denn von dem Leben und Treiben, von den Mühsalen und Nöten, von dem Elend und der Kulturlosigkeit der Millionen von Männern, und noch mehr der Frauen, die in Hörigkeit und Armut den Acker bestellten oder in sogenannter Freiheit und Armut spannen und webten?! — Erst unsere Zeit hat die Massen des Volkes aus dem Dunkel der nur passiven Staatsangehörigkeit zu aktiver Bürgertätigkeit, damit aus dem Dunkel der Nichtbeachtung in das helle Licht der Massenbeobachtung und Massenbeachtung gebracht. Erst das letzte Jahrhundert hat das „Volk" als Träger der Volkswirtschaft, der Volkskultur, des Staates entdeckt. Ja, man kann fast sagen: es hat das Volk erst geschaffen. Denn heute leben und arbeiten vier Menschen da, wo zu Goethes Zeiten einer saß. Wer glaubt, daß Menschendasein Sinn habe, Glück und Kultur bedeute, der vergesse das unserer Zeit nicht, daß sie aus kaum zwanzig Millionen bald siebzig Millionen Deutsche gemacht hat.

Zur Zeit Goethes fanden die Ideen der Aufklärung ihre Vollendung in Kant und seinem ethischen Hauptsatze: daß kein Mensch seinen Mitmenschen zum bloßen Werkzeuge seiner Eigensucht erniedrigen dürfe. Goethe selbst prägte den Vers, der zum Programme einer Volksbewegung wurde:

Höchstes Glück der Erdenkinder
Sei nur die Persönlichkeit!

Und in der französischen Revolution begann nicht nur die politische Verwirklichung der „Menschenrechte", sondern es brach auch der große Gedanke durch, daß die elementarsten dieser Menschenrechte jedem, auch dem letzten unter den Millionen der Volksgenossen zukommen müßten.

Aus jenen Gedanken und Ereignissen entsprang in Deutschland die große politische und wirtschaftliche Bewegung, die unter dem Namen des Liberalismus die Schranken und Gebundenheiten des Mittelalters niederriß und Raum schuf für das neue Deutschland. Aus dem Hörigen machte sie den Freien und aus dem Untertanen den Staatsbürger, an dessen verfassungsmäßigen Rechten Fürstenmacht ihre Schranken findet. Dutzende von Einzelstaaten mit hunderten von zollumgrenzten Wirtschaftsbezirken fügte sie zum deutschen Einheitsstaate. Sie schuf Raum für Technik und Austausch. Sie gab damit die Möglichkeit ungeahnter Entfaltung des Wirtschaftslebens und einer Verdreifachung unserer Volkszahl.

Nun haben die letzten Jahrzehnte, die aus dem selbstgenügsamen Agrarstaate unserer Großväter einen Weltmarktstaat ersten Ranges gemacht, die uns eine riesige Industrieentwicklung mit Maschine und Großbetrieb, mit Kapitalismus, Kartellen und Trusts gebracht haben, uns vor ein neues, großes und schweres Problem gestellt: Das Gebild von Menschenhand wächst über den Menschen hinaus. Das Kapital droht den Menschen und seine Persönlichkeit zu erdrücken.

Die dem absoluten Staate mühsam abgerungenen politischen und kulturellen Rechte und Freiheiten stehen für die Mehrheit der Staatsbürger nur auf dem Papier, solange diejenigen, die durch das Bestehen von Privateigentum und Erbrecht in den Besitz wirtschaftlicher Macht gelangt sind, diese Macht benutzen zur Unterdrückung der Freiheit der anderen. Unser Volk hat sich in hundert Jahren verdreifacht. Und die Zweidrittel, die zugewachsen sind, sind größtenteils nur möglich durch die modernen Großbetriebe. Immer neue Millionen von Bürgern sind auf ein Arbeitsverhältnis angewiesen. Die letzte Berufszählung von 1907 zeigt uns 16 Millionen Arbeiter, 2 Millionen Privatangestellter, fast 2 Millionen öffentlicher Beamter, mit den Angehörigen rund 40 Millionen Personen, deren Existenz auf dem Arbeitsvertrage beruht.

Und diese 40 Millionen, die mehr als die Hälfte unseres Volkes ausmachen, geraten durch das Dienstverhältnis in Abhängigkeit von ihren Arbeitgebern. Diese Abhängigkeit ist anders als die frühere, zu Zeiten der Sklaverei oder der Hörigkeit; denn rechtlich ist der Arbeiter ein freier Bürger wie der Arbeitgeber. Aber der rechtlich freie Arbeitsvertrag ist in Wirklichkeit kein Vertrag, wenigstens nicht im Großbetriebe und im Staatsbetriebe, sondern ein Annehmen der vom Produktionsleiter gebotenen Bedingungen. Und die neue Abhängigkeit ist in einer Beziehung gefährlicher und schlimmer als die frühere. An seinem Sklaven hatte der Arbeitgeber ein persönliches, privatwirtschaftliches Interesse, denn er hatte sein Geld dafür bezahlt; und wenn er durch Überanstrengung, mangelnde Ernährung, durch brutale Behandlung oder dergleichen den Sklaven krank, oder vor der Zeit invalide machte, so war er an seinem Geldbeutel gestraft; er war sein für den Arbeiter aufgewandtes Kapital los. Dieses persönliche, privatwirtschaftliche Interesse hat heute der Arbeitgeber an seinem Arbeiter nicht mehr, weil er kein Geld für ihn ausgibt, nur den Wert der Arbeit entlohnt, wie sie da ist, und wenn diese nicht mehr genügt, jederzeit durch Kündigung sich allem weiteren entziehen kann. Trotzdem gelten die Grundgedanken des alten römischen Rechts noch heute, die Grundgedanken aus jener Zeit, da der arbeitende Mensch ein Haustier war!

Da der einzelne Unternehmer kein Interesse an der dauernden Leistungsfähigkeit seines Personals hat, sondern jeden Abgewirtschafteten stets durch eine andere, junge Kraft ersetzen kann, so liegt die Versuchung recht nahe, daß er die Arbeitskräfte übermäßig ausnutzt; daß er (kaufmännisch gesprochen) ohne Rücksicht auf lange Verzinsung nur auf hohe Verzinsung der menschlichen Arbeitskraft sieht; daß er durch Raubbau an der Gesundheit seiner Mitmenschen sich wirtschaftliche Vorteile verschafft.

Dieser Raubbau und diese Abhängigkeit bedeutet nicht nur eine Übervorteilung des Arbeitnehmers, aus dessen Arbeit allein Zins und Rente fließen; sondern auch eine Beeinträchtigung der Persönlichkeitsrechte, einen Verstoß gegen den Kantschen Moralsatz vom Selbstzwecke jedes Menschen. Sie bedeuten zugleich auch eine schwere Verletzung des Gesamtinteresses. Denn der Staat ist um seiner Bürger willen da; er muß vor allem Leben, Gesundheit und

Arbeitskraft der Millionen schützen; diese müssen ihm aus kulturellen, politischen und wirtschaftlichen Gründen wichtiger sein als die Verzinsung des in den Unternehmungen angelegten Kapitals oder irgend welche anderen Rücksichten. Denn in den Bürgern steckt der weitaus größte Teil des Nationalvermögens. Gegen 1000 Milliarden hat die Erziehung unserer 68 Millionen Menschen gekostet. Gegen diese Summe verschwindet das auf etwa 300 Milliarden geschätzte Sachgütervermögen. Eine übermäßige Ausnutzung der arbeitenden Millionen durch die Arbeitgeber, der Raubbau an der Gesundheit und Arbeitskraft durch überlange Arbeitszeit, Unterernährung, Mangel an Nachtruhe, Sonntagsruhe, Erholungsurlaub usw. bedeutet eine schwere Schädigung des Volksreichtums, eine Vergeudung der in den Menschen investierten Milliarden. Das wichtigste volkswirtschaftliche Interesse an der möglichst langen Erhaltung der Arbeitskraft jedes einzelnen, das sich mit dem wichtigsten politischen Interesse deckt, erfordert einerseits Schutzmaßregeln, namentlich eine Beschränkung der Frauen- und Kinderarbeit; andererseits eine Fürsorge für die Zeiten der Arbeitsunfähigkeit durch soziale Versicherung (Kranken-, Unfall-, Invaliden-, Altersversicherung; Witwen- und Waisenversicherung; Mutterschaftsversicherung; Arbeitslosenversicherung usw.).

Hier liegen die großen sozialen Probleme des zwanzigsten Jahrhunderts, die von Recht und Sitte gemeinsam gelöst werden müssen, nachdem die Technik ihren Anteil geleistet und die Vorbedingungen für die Lösung gegeben hat:

Wie ist es zu erreichen, daß trotz Verdreifachung unserer Volkszahl auf jeden einzelnen unserer 68 Millionen ein Mehr an wirtschaftlichen und geistigen Gütern, an Zivilisation und Kultur kommt als auf den einzelnen der 20 Millionen zu Goethes Zeit?

Wie ist es zu erreichen, daß trotz des Großbetriebes, den unsere Maschinentechnik zur vollen Ausnutzung ihrer Fähigkeiten braucht, trotz der weitgehenden Arbeitsteilung und Massenorganisation der einzelne Arbeiter nicht zum seelenlosen Rädchen im Getriebe wird, sondern sein „höchstes Glück", die Persönlichkeit, bewahrt? daß er weiß, was er arbeitet, wofür er arbeitet? daß er mit Freuden sein Teilchen am Werke schafft?

Wie ist es zu erreichen, daß trotz der Abhängigkeit, in die der Arbeiter des Großbetriebes notwendig kommt, der Betriebsleiter seine Macht nicht ausnützt über die Grenzen der Ordnung im Betriebe hinaus? nicht seine wirtschaftliche Macht über den Angestellten zu einem Drucke auf den Staatsbürger und Familienvater mißbraucht?

Wie ist schließlich in allen Dingen die notwendige Rücksicht auf die Gesamtheit, auf den Staat zu vereinen mit der freien Betätigung eines gesunden Selbstinteresses, das sich noch stets als der festeste Hebel zum Fortschritte bewiesen hat?

Es ist klar, daß diese Probleme des zwanzigsten Jahrhunderts ganz andere sind als die früherer Zeiten; daß alte Maßstäbe und Werturteile nicht übernommen und ohne weiteres auf die ganz neuen Dinge angewandt werden dürfen; daß vor allem die alten politischen Parteischablonen nicht passen, sondern daß alle Parteiprogramme und alle wirtschaftlichen wie politischen Theorien an den großen Umwälzungen neu orientiert werden müssen. Sozialpolitik ist nicht eine Parteisache im alten Sinne, sondern sie scheidet in drei neue Gruppen:

Die einen sind Gegner der Sozialpolitik. Sie wollen ein staatliches Eingreifen zugunsten der arbeitenden Bürger nicht, weil ihnen das Privatinteresse höher steht als das Gemeinwohl; weil ihnen die Kapitalrente höher steht als der Mitmensch.

Die anderen wollen staatliche Sozialpolitik, aber als Wohltätigkeit und milde Fürsorge. Und durch die staatlichen Almosen wollen sie die Unabhängigkeit und Freiheit der Bürger ertöten.

Die dritten endlich sehen die Notwendigkeit sozialen Zwanges ein, aber sie wollen deswegen nicht die Bürgerfreiheit aufgeben. Darum müssen sie mit doppeltem Eifer dafür arbeiten, daß der Staat, dessen Machtbefugnisse mit jedem sozialen Gesetze sich erweitern, ein sozialer Staat, das heißt ein demokratischer Staat, das heißt ein liberaler Staat sei. Alles drei ist gleichbedeutend; denn sozial sein heißt: den Menschen selbst über alle seine Einrichtungen setzen; und volle Menschenwürde, Menschenfreiheit besteht nur dort, wo die Bürger selbst ihre politischen Geschicke bestimmen.

Für die Vertretung richtiger Sozialpolitik braucht es nur der Erkenntnis zweier einfacher Wahrheiten: das Volk ist der Staat! und: das Volk ist das Nationalvermögen! Wer diese beiden Wahrheiten anerkennt, gehört zu den sozialen Parteien.

3. Erziehung durch den Krieg?

Von den zahllosen Betrachtungen über den wohltätigen erzieherischen Einfluß des Weltkrieges auf unser Volk leiden die meisten an einer Oberflächlichkeit, die sich hauptsächlich nach zwei Richtungen geltend macht: Sie behaupten triumphierend Erziehungserfolge dort, wo sie gar nicht eintreten konnten, nicht einzutreten b r a u c h t e n; und auch dort, wo sie erst künftig eintreten s o l l e n, ihre Verwirklichung aber noch gar nicht gewiß ist, sondern erst aus ernsten Erfahrungen, aus angestrengter, kluger Arbeit und aus weisen Maßregeln der Gesetzgebung gewonnen werden kann. Von diesen zwei Irrtümern ist der letzte der gefährlichere, weil er uns um die erzieherischen Erfolge bringen kann, die wir um unseres Volkes Zukunft willen erstreben müssen. Aber auch der erste ist nicht unbedenklich, denn er läßt die in ihm befangenen „Volkserzieher" übersehen, daß sie selbst zuallererst einer Erziehung bedürfen, um das deutsche Volk richtig zu werten — ein Erfolg, der augenscheinlich bei vielen noch nicht eingetreten ist.

Wenn in Kriegspredigten und Gottesdiensten das Schicksal von 1914 als eine Prüfung oder als eine Strafe des Himmels für allzu weltliches, unchristliches Treiben des deutschen Volkes hingestellt wird, so läßt man sich das gefallen, weil man es so gewöhnt ist und nicht anders erwarten kann. Das Bußpredigen ist die älteste und einfachste Weise, ein großes, schweres Geschehnis für kirchliche Zwecke zu verwerten. Wenn aber auch Politiker in die gleiche Tonart verfallen, so muß um der Ehre und um der Zukunft des deutschen Volkes willen dagegen Einspruch erhoben werden. Denn es ist einfach nicht wahr, daß unser Volk in Weichlichkeit und Schlaffheit versunken war und der Krieg es zur Männlichkeit erzog. Es ist nicht wahr, daß wir in „materiellen Interessen" aufgingen und der Krieg uns zum Idealen zog. Und wie die schönen Redensarten alle heißen. Erziehung bedeutet eine Veränderung des Menschen, ein Gewinnen von Eigenschaften, die bisher nicht vorhanden waren. Eine solche Wesensänderung hat der Kriegsausbruch nicht bewirkt, brauchte es nicht, denn die Eigenschaften, deren die Zeit bedurfte, waren da. Die Mobilmachung und die Schlachten haben nicht „erzogen", sondern nur enthüllt. Sie haben gezeigt, daß die Masse unseres Volkes viel besser war, als die Erzieher vermeinten; daß wir nicht in materiellen Dingen aufgingen, daß wir nicht „weibisch" und schwächlich waren. Alles das saß nur an der Oberfläche, machte sich in Zeitungen, auf öffentlichen Plätzen breit und täuschte viele über den wahren Inhalt in Seele — und Leib.

Dieser wahre Inhalt ist im Wehen der großen Not ans Licht gekommen, er hat sich enthüllt in einer strahlenden Pracht, die wohl allgemein überrascht hat. Es war da, all das Starke, Begeisterte, Aufopfernde, das uns den Sieg verbürgt! Wir wollen uns dessen freuen und große Zukunftshoffnungen darauf bauen. Aber wir wollen nicht eine „Erziehung" durch den Krieg darin sehen, damit wir nicht zu einer falschen Wertschätzung des Krieges als Kulturfaktor kommen; und damit wir nicht die bedeutenden Erziehungsaufgaben versäumen, die uns noch obliegen.

Auch rein politisch sind weite Teile unserer Mitbürger von den maßgebenden Leuten ganz falsch eingeschätzt worden. Es ist nicht wahr, daß die Sozialdemokratie bisher eine „vaterlandslose" Gesellschaft war, deren Glieder erst durch den Krieg zu guten Deutschen erzogen wurden. Es ist nicht wahr, daß Polen und Dänen Landesverräter waren, denen erst der Kriegsausbruch ihre „deutschen Pflichten" zum Bewußtsein brachte. Es ist nicht wahr, daß Elsaß-Lothringen bis zum Juli 1914 ein unsicherer Bestandteil des Reiches war, der erst in den Mobilmachungstagen Deutsch lernte. Sondern auch hier hat der August nur enthüllt, was vorhanden war, hat die Schicht von Irrtum, Redensarten und kleinen Sonderstreiten durchbrochen, hat gezeigt, daß man diesen Teilen unseres Volkes vielfach Unrecht getan. Nicht die Sozialdemokraten usw. bedurften der Erziehung durch den Krieg, sondern jene, die nicht durch den Schleier geschichtlicher Überlieferungen, belangloser Kleinigkeiten, eigener Fehler hindurchzusehen vermochten und deswegen zu einer so irrigen Einschätzung gekommen waren.

Hat hier der Krieg erzieherisch gewirkt? Nach einer Anzahl erfreulicher Zeichen und Kundgebungen darf man es hoffen. Kampforganisationen wie die gegen Polen und Sozialdemokratie haben sich aufgelöst. Von Kaiser und Kanzler ist das Gelübde ausgesprochen, daß künftig in jedem Angehörigen des Reiches der „Deutsche" geachtet werden soll, auch wenn er über deutsche Politik und Zukunft ganz abweichende Ansichten hat. Regierungs- und vor allem Militärbehörden haben ihre bisherige Scheu und ihr bis zu Verstößen gegen den Geist der Verfassung gehendes Vorurteil gegen Angehörige einzelner Parteien oder Glaubensbekenntnisse aufgegeben. Die freudigsten Zukunftsaussichten ergeben sich — w e n n das eine Erziehung des Krieges ist. Wir hoffen es sehnlichst und fest. Aber wir dürfen nicht die Augen davor verschließen, daß es bisher nur eine Hoffnung ist. Hier liegt ein Teil der großen Erziehungsaufgabe dieses Krieges, einer Aufgabe, die wahrscheinlich zum größten Teile erst geleistet werden muß. Denn das Verhalten in Not besagt wenig; es hat keinen Wert, wenn es nicht einer d a u e r n d e n , i n n e r e n Wandlung entspricht — eben einem Erzogensein!

Wohlgemerkt, diese Erziehung soll der Krieg nicht an Sozialdemokraten, Juden usw. leisten, denn die haben ihr Deutschtum glänzend bewiesen; und wer viele von ihnen persönlich kannte, hatte nie den geringsten Zweifel daran — sondern an den Regierenden und den anderen, die aus Überzeugung oder aus Gründen eigenen Vorteils jene so falsch beurteilt, ihnen so bitter unrecht getan und damit unser Staatsleben vielfach vergiftet haben. Wir glauben an diese Erziehung; aber wir wissen, daß wir selbst ernst darum ringen müssen. Denn die Geschichte lehrt nicht, daß siegreiche Kriege an sich gute Erzieher sind. Eher das Gegenteil!

Die Erniedrigung der deutschen Staaten durch den ersten Napoleon war eine harte, aber wirkungsvolle, segensreiche Schule; im besonderen hat Preußen nach Tilsit eine sittliche und staatliche Wiedergeburt erlebt. Aber hat etwa die siegreiche Befreiung Deutschlands das durch die Niederlage begonnene Werk vollendet?

Ist aus den unerhörten Opfern von 1813/14 der deutsche Staat, oder auch nur eine Anzahl freier, gut regierter Einzelstaaten entstanden? Leider das Gegenteil: Nach dem Siege ist vielfach wieder rückgängig gemacht, was in der Not an Fortschritten eingeleitet war; die Fürsten haben ihre Verheißungen vergessen; Wiener Kongreß und Karlsbader Beschlüsse widerlegen am schlagendsten die Hoffnungen, die an die „Freiheitskriege" geknüpft waren. Manches von dem, was Freiherr vom Stein vor 1813 begonnen, ist heute noch nicht wieder durchgeführt.

Oder um einen anderen großen Erzieher und einen anderen Schüler zu nennen: Hat der Krieg von 1870 auf die Seele des deutschen Volkes die erzieherische Wirkung gehabt, die man von dem Kriege 1914 ohne weiteres voraussetzt? Im Gegenteile! Wenn von einer Verflachung des deutschen Volksgeistes, von einer Hinwendung zum Materiellen die Rede sein kann, so ist sie entstanden hauptsächlich im Anschluß und als Folge der großen Siege über Frankreich. Denn mit der Begründung des Reiches war die wichtigste politische Sehnsucht weiter Volkskreise erfüllt; mit den Milliarden der Kriegsentschädigung begann der üble Geschäftsschwindel der Gründerjahre; nie ist so geschmacklos gebaut, so wenig gute Kunst gezeigt worden wie nach 1870. Nie ist aber auch so rücksichtslos der Vorteil des einzelnen in den Vordergrund getreten, nie so unbesorgt mit Leib und Seele des Mitmenschen gewirtschaftet worden wie in jener Zeit, als die Gewinnung eines großen Marktes zusammen mit den Fortschritten der Technik eine sprunghafte Entwicklung der Industrie erlaubte und dem skrupellosen Starken reichsten Gewinn verhieß. Und als dann mit der Wendung Bismarcks zum Schutzzolle der Interessenstreit auch in den Reichstag einzog, da schienen alle Deiche gebrochen, das Enrichissez vous! zum Leitwort im Volke der „Dichter und

Denker" geworden, und es entstanden jene Zustände, die von den Kritikern entweder hoch gepriesen oder tief beklagt wurden, oft beides zugleich, und aus denen viele nur durch einen großen Krieg eine Errettung möglich glaubten.

Nun ist der große Krieg gekommen. Und seine erste Lehre ist eine hocherfreuliche: nämlich, daß unser Volk viel besser ist, als die Schwarzseher gemeint haben: Wenn auch nur die Hälfte von dem wahr ist, was uns aus den gegnerischen Staaten und Heeren berichtet wird, so stehen wir „Barbaren" ja turmhoch über den älteren Nationen, die sich als Schützer europäischer Kultur aufspielen. Als ein an Mensch und Menschheit Glaubender (bislang durfte man das einfacher: „Optimist" nennen) bin ich viel mehr überrascht durch den Tiefstand der anderen als durch das würdige Verhalten meiner Landsleute. Ich hatte es nicht anders erwartet — aber ich sehe mit einiger Sorge auf die Zeit nach dem Kriege. Denn ich bin überzeugt von einem Siege Deutschlands. Der aber bedeutet das Einströmen von Dutzenden von Milliarden in die deutsche Volkswirtschaft, bedeutet eine Zeit intensivster, gewinnreicher Beschäftigung aller Gewerbe, bedeutet eine große Gelegenheit zu Spekulationen und Gewinnen aller Art. Er k a n n die Grundlage zu einem Wachsen des Volksreichtumes, zu einer Hebung der allgemeinen Lebenshaltung und der Lebensbedingungen werden; er k a n n aber auch das Gegenteil herbeiführen: eine Wiederkehr der Gründerjahre im großen. Die Geschichte läßt eine üble Wirkung glänzender Siege befürchten. Auch das bisherige Verhalten der Wirtschaftskreise spricht nicht allzu scharf dagegen. Denn neben den Beispielen von unlauterem Verhalten in großer Zeit, die wir gewiß nicht verallgemeinern wollen, stehen zahllose Beispiele von Leuten, die auf jede erlaubte Weise am Kriege verdienen möchten und die von der Heeresverwaltung, vom Roten

2*

Kreuz und von der Bevölkerung nehmen, was sie kriegen können. Von Firmen, die jetzt bei Heereslieferungen auf den sonst üblichen Verdienst verzichten, hört man nichts! Dem stehen allerdings zwei hoffnungsvolle Tatsachen gegenüber: das im ganzen verständige und gute Verhalten der Unternehmer gegenüber den Angestellten und Arbeitern, das zu einem erfreulichen Ausgleiche sozialer Gegensätze geführt hat, und das erfrischend rücksichtslose Vorgehen der Regierung, namentlich der Militärverwaltung, mit sozialen Schutzmaßnahmen. Hoffen wir, daß diese Erfahrungen erzieherisch wirken, aber hüten wir uns vor dem Wahne, als ob notwendig aus dem Siege eine Zeit der Kultur und der Versöhnung im Volke erwachsen müsse.

Auch in dieser letztgenannten Beziehung lehrt die Geschichte das Gegenteil. Auf die einmütige Begeisterung von 1870 ist eine Zeit schärfster politischer, konfessioneller und sozialer Kämpfe gefolgt. Eine Zeit nicht nur schärfster sachlicher Gegensätze, sondern auch häßlicher, persönlicher Austragung. Man denke an die Rededuelle zwischen Bismarck, Richter, Bebel u. a., an die Begleiterscheinungen des Kulturkampfes, an das Wort vom „Reichsfeind", das niemand mehr mißbraucht hat, als der Mann, den wir als Gründer des Deutschen Reiches verehren.

Es mag genug sein mit der Anführung von Einzelheiten. Worauf es ankommt, ist zu erkennen, daß unser Volk nicht im Frieden „entartet" war, so daß es einer Erziehung durch den Krieg bedurfte; und daß ein glücklicher Ausgang des Krieges nicht eine Hebung der deutschen Kultur ohne weiteres gewährleistet. Ich glaube an mein Volk und an seinen inneren wie äußeren Fortschritt trotz Frieden und trotz Krieg. Aber in beiden Fällen muß ernste Erziehungsarbeit geleistet werden! Der beispiellos rasche und glänzende Erfolg eines in Siegen verwöhnten Heeres und Volkes hat 1870 nur teilweise segensreich gewirkt. Die durch den Sieg erworbenen Möglichkeiten zur Kultur sind nicht voll ausgenutzt worden. Der Krieg von 1914/15 ist unendlich viel schwerer, opferreicher. Vielleicht ist er auch in seinen Folgen um so viel weiterreichend. All das muß uns ein Ansporn sein, emsigste Erziehungsarbeit zu leisten an jedem einzelnen im Volke, jetzt und erst recht nach dem Siege, den wir alle erwarten. Damit aus den Anstrengungen und Opfern nicht nur ein Zuwachs an Macht, Land und Geld, sondern auch ein Zuwachs an innerer Kultur, an gegenseitiger Achtung, an Bürgerfreiheit und sozialer Gerechtigkeit komme!

II. Vom Einzelnen und dem Staate.

4. Organisiertes Staatsgefühl.

Wenn wir uns recht zum Bewußtsein bringen wollen, was wir im Deutschen Reiche gewonnen und gelernt haben, so müssen wir die Gegenwart vergleichen mit jener Zeit der Erhebung aus tiefstem nationalem Falle, deren hundertjährige Erinnerung wir jüngst lärmend gefeiert haben. Das Jahr 1813 lebt in uns als eine unerhörte Tat, als eine unvergleichliche Kraftanstrengung, eine beispiellose Opferfreudigkeit um der Freiheit und staatlichen Selbständigkeit des Vaterlandes willen. Und sicher: jener Geist der Freiheitskriege ist bewunderungswürdig wie seine Erfolge. Aber die Leistungen an sich brauchen uns gar nicht zu imponieren. Denn was damals der staunenden Mitwelt als fast unbegreiflich erschien, das ist uns jetzt etwas Selbstverständliches.

Preußen, das gewiß an der Spitze der Opfernden stand, das verkleinerte Preußen, stellte mit Landwehren und Freiwilligen 270 000 Mann ins Feld. Das war bei fünf Millionen Einwohnern ein Krieger auf 17 Seelen. Was ist das heute? Auf unsere Reichsbevölkerung von 68 Millionen umgerechnet, ergibt das rund 4 Millionen; die standen am ersten Mobilmachungstage bereit, ohne einen einzigen Freiwilligen, einfach als Ergebnis der allgemeinen Wehrpflicht. Inzwischen ist die doppelte Zahl von Wehrpflichtigen unter die Fahnen gerufen; heute kommt mindestens ein Krieger auf 10 Einwohner. Und wäre jemand, dem eine solche, 1813 weit übertreffende Leistung nicht als natürlich, als — selbstverständlich erschiene?!

Vor hundert Jahren brachten die Freiwilligen ihre Ausrüstung mit; und die daheim blieben, opferten, was sie an Geldeswerten besaßen, brachten Silberzeug, Schmuck und Trauringe. Und trotzdem rückte die Landwehr teilweise in recht unvollkommener, dürftiger Ausrüstung ins Feld. Heute brauchte aus privaten Mitteln kein Pfennig zu kommen; und unser Millionenheer war bekleidet und gerüstet in einer Vollständigkeit und Schönheit, von der Blücher sich nichts träumen ließ. Das ist das einfache Ergebnis davon, daß wir in 40 Friedensjahren weit über 50 Milliarden Mark aufgewendet haben, um eine volle, tadellose Ausrüstung jederzeit bereit zu legen und immer wieder zu erneuern.

Was heute von Privaten gespendet wird, das geht in seiner Summe gewiß über den Betrag der Opfer von 1813 hinaus; aber es ist nur „Liebesgabe", um den Kämpfern den Dank der anderen abzustatten, um ihr Dasein zu erleichtern, zu verschönen; um für die Verwundeten und Hinterbliebenen zu sorgen; um Arbeitslose und Notleidende über Wasser, d. h. unsere Volkswirtschaft in Gang zu halten. Alles Dinge, an die man 1813 kaum denken durfte. Für die eigentlichen Kriegsbedürfnisse ist staatlich vorgesorgt; auf den ersten Ruf stellen die Bürger der Verwaltung 5 Milliarden zur Verfügung, dann nochmals fast die doppelte Summe; und sie werden auch noch einmal 10 Milliarden zeichnen, wenn eine längere Kriegsdauer es erfordert. Wenn das Reich solche Riesensummen zu mäßigen Bedingungen leihen kann, so ist das auch eine Folge der systematischen Ordnung, die seinen Kredit so gefestigt hat. Und wenn wir solche Summen nicht nur freudig geben, sondern auch ohne Schwierigkeit geben können, so ist auch unser Reichtum wesentlich mit eine Folge unseres wachsenden Staatsgefühls, das uns ermöglichte, einen so fest gefügten Staat zu schaffen und mit ihm eine friedliche, mächtige Entwicklung zu sichern.

Das gilt nicht nur für die Männer, sondern auch für die Frauen. Auch hier ist der Grundton eine ruhige Selbstverständlichkeit, mit der jede den Gatten oder Sohn dem Tode entgegenziehen läßt, sich in den Dienst der Liebestätigkeit stellt, Einschränkungen auf sich nimmt, Verluste tapfer erträgt, die zu anderen Zeiten aus dem Gleichgewichte brächten. Auch an unserer Frauenwelt ist die Erziehung zu Staatsgefühl und Organisation nicht vorübergegangen.

Was folgt aus solcher Betrachtung? — Zweierlei: Einerseits, wie tief die Überzeugung von dem Werte des Staates, das Gefühl von der Notwendigkeit der Volksgemeinschaft in allen Deutschen wurzelt. Wir sind viel „sozialer", als wir es im Frieden gewußt haben! Anderseits, wo die Wurzeln für die Kraft unseres Volkes liegen: in der planmäßig organisierten Pflichterfüllung. Im Sturme von 1813 siegte das Unerhörte, im Weltenbrande von 1914 wird das Selbstverständliche siegen. Wieder geht wie damals ein Aufflammen durch das deutsche Volk, aber sein Leuchten ist anderer Art. Wieder fließen die Gaben, drängen die Tausende zur Hilfeleistung; wieder berichten die Zeitungen von großen Spenden der Reichen und von rührenden Spenden Armer, die noch viel größer sind. Wir wollen uns ihrer freuen, wollen sie vermehren, sie recht gut verwenden. Aber darüber nicht vergessen, daß die Vorbedingungen gelegt sind von hundert Millionen Deutschen, deren keine rühmende Erwähnung gedenken kann:

Das sind die Millionen, die ein Leben lang ehrlich ihr Einkommen bekannt und pünktlich ihre Steuer entrichtet haben; die Millionen, die in Erfüllung der allgemeinen Wehrpflicht sich zur Verteidigung des Vaterlandes bereitet haben. Das sind alle die Männer, die unsere Gesetze gemacht, die seit hundert Jahren den Geist gepflegt haben, aus dem solche Gesetze wachsen konnten; die unter dem Schutze deutscher Macht deutsche Wirtschaft und deutschen Reichtum gefördert haben. Das sind vor allem die Mütter, die uns zu einem Siebzig-Millionen-Volke gemacht haben. Wie tief und lebhaft unser Staatsgefühl ist, das haben viele wohl mit Überraschung gesehen. Es ist so vollständig und sorgsam organisiert, daß die einfache Pflichterfüllung jedes einzelnen genügt, um höchste Leistung zu sichern.

So groß das Maß der vaterländischen Pflicht sein mag; es gibt wohl niemanden, dem nicht die allgemeine Pflichterfüllung eine Selbstverständlichkeit wäre. Diese unvergleichliche, hochgespannte Organisierung zusammen mit dem Geiste von 1813 verbürgt heute den Sieg Deutschlands gegen eine Welt von Feinden. Aber nach ehrenvollem Frieden wollen wir die Grundlagen unseres Erfolges nicht vergessen. Sozialen Kämpfen, wie sie die jüngste Vergangenheit gesehen, möge künftig die Erkenntnis vorbeugen, daß Gemeinschaftsgefühl und Organisation die Zauberworte sind, mit denen das deutsche Volk ungeheure Kräfte entfesselt. Auch dann soll das „Soziale" das Selbstverständliche bleiben.

5. 1815—1915.

Das deutsche Jahrhundert! — Das war der Leitgedanke von tausend Betrachtungen zur Jahrhundertwende. Und unbestreitbar ist die Erhebung und Einigung der deutschen Stämme zum deutschen Kaiserreiche die beherrschende Entwicklung in Europa gewesen. Seit einer Reihe von Jahren schien es, als hätten wir die Führung auf politischem Gebiet abgegeben, als würde Deutschland von anderen Mächten zurückgedrängt. Und gegenwärtig wird millionenfach darum gerungen, ob Deutschen Reiches Herrlichkeit geschichtliche Vergangenheit, oder ob das zwanzigste Jahrhundert in noch umfassenderem Sinne ein deutsches Jahrhundert werden soll: nicht nur Europa, sondern die ganze Welt bestimmt von deutscher Macht und deutscher Arbeit. Da drängt der Vergleich mit der hohen Zeit, aus der vor hundert Jahren das neue Reich entsprang, sich immer wieder auf. Und wahrlich, er ist so oft und überoft in Reden und Schriften gezogen worden, daß er platt erscheinen könnte — wenn nicht immer und immer wieder neue Gedanken und Anregungen aus ihm erwüchsen.

Deutschland hat das Gedächtnis der deutschen Erhebung ein Jahr lang laut und in einer Weise gefeiert, in der man es heute wohl nicht mehr feiern würde. Der Zwang zu einer Wiederholung jener heldenhaften Kriegstaten eines ganzen Volkes hat uns der Notwendigkeit enthoben, auch das Jahrhundertgedächtnis von 1815 zu feiern, jenes Jahres, das dem deutschen Volke eine bitterste Enttäuschung gebracht hat. Nichts möchte schlimmer wirken als der Gedanke, daß ebenso wie die Kriegstaten von 1813/14 auch der Wiener Kongreß von 1815 seine Auferstehung erleben könnte. Deshalb ist es nützlich, sich auch die großen Unterschiede vor Augen zu halten, die das Wiedererleben solches Rückschlages ausschließen müssen.

In den Freiheitskämpfen rang das deutsche Volk um den selbständigen, unabhängigen deutschen Staat. Heute ist dieser Staat unser fester Besitz; wir kämpfen um seine Bewahrung, um seine Erweiterung; sein Bestand ist allen Bürgern und Herrschern ein Gewohntes. Wie sehr das der Fall ist und was er bedeutet, das zeigt sich am klarsten aus einem Vergleiche der Mobilmachung. Leistungen an Mannschaft und Gut, die damals die Welt in Erstaunen setzten, sind uns heute etwas Selbstverständliches. Was damals höchste Begeisterung unter der Geißel bitterster Not zuwege brachte, wird weit überboten durch das, was heute das Gesetz von jedem Bürger verlangt — und was jeder willig gibt und tut, weil er das Gesetz als nötig und gut erkannt hat [1]).

Das ist nur möglich, weil inzwischen der Staat etwas ganz anderes geworden ist, als er vor hundert Jahren war. Damals standen für deutsche Wirklichkeit und Zukunftsziele zwei Gegensätze einander gegenüber: Ludwig XIV. L'Etat c'est moi! und die französische Revolution. Der Sonnenkönig war das Vorbild auch deutscher Fürsten gewesen; jede Forderung nach Freiheit, Verfassung, Mitregierung des Volkes trug eine Erinnerung an die blutige Gewalt von 1789. Deswegen konnte die hehre Zeit der Freiheitskriege den klaffenden Gegensatz in sich tragen, daß die einen den freien, deutschen Volksstaat ersehnten und die anderen nur eine Wiederherstellung der siebzig Thrönchen, die Napoleon umgeworfen hatte. Ein solches Auseinandergehen ist heute wohl unmöglich. Über die Bedeutung und das Grundziel unseres heutigen Ringens ist kaum eine Meinungsverschiedenheit. Das wird am besten bewiesen durch die Augusttage. Die Einigkeit vom Thron zur Hütte, die wir erlebt haben, war dem Jahre 1813 fremd. Wir wollen es nie übersehen, daß die Freiheitskriege eine reine Volksbewegung gewesen sind, der die Fürsten großenteils nur widerwillig und gezwungen gefolgt sind, weil sie sonst von ihr weggefegt wären. Unser Kaiser ist in ganz anderem Sinne

---

[1]) Den Vergleich habe ich durchgeführt im „Kriegsbüchlein für das deutsche Haus" (Verlag Heß, Stuttgart), S. 7 ff.

der Führer des deutschen Volkes, als es die Fürsten von 1813 gewesen sind.

Das ist die beste Gewähr für den Erfolg des Krieges, den militärischen wie den politischen. Denn wenn 1815 ganz Deutschland — nicht nur die Völker, sondern auch die Fürsten — um die Früchte des Ringens betrogen worden sind, so entsprang das dem Gegensatze im Ziele der beiden „Parteien“: Krone und Volk. Ein halbes Jahrhundert lang haben sie sich in Kämpfen gegenseitig verzehrt, bis endlich Bismarcks überragende Führung beide zueinander und zu einer Lösung der deutschen Frage brachte: einer vorläufigen Lösung, die jetzt der Nachprüfung unterzogen wird.

Diese Nachprüfung ist eine äußere und innere. Von jener nur so viel, daß der Begriff des Nationalen eine starke Wandlung erfährt: an die Stelle des völkischen, auf Blutsverwandtschaft gegründeten Gefühls tritt der Staatsgedanke, die organisierte Kulturgemeinschaft[1]). Aber auch die innere Politik Deutschlands wird starke Wandlungen erleben müssen. Denn das Volk hat dringende Wünsche, und alle Teile werden die großen Lehren von 1914 nicht vergessen. Die Gesamtheit des Volkes hat in entscheidender Stunde den regierenden Männern ein unbegrenztes Vertrauen geschenkt und fast unbegrenzte diktatorische Macht in ihre Hände gelegt. Es hat zugleich aber auch bewiesen, daß es viel mündiger, besonnener und zur Selbstverwaltung geeigneter ist, als die Regierenden glauben wollten; und daß jeder Zweifel an dem Staatsgefühl, an der Vaterlandsliebe der Massen verbrecherische Täuschung ist. Der Kaiser hat am 4. August das bedeutsame Wort gesprochen, er kenne keine Parteien mehr, sondern

[1]) Näheres in meiner Schrift „Volk oder Staat?“ dieser Sammlung.

nur noch Deutsche. Und der Kanzler hat am 2. Dezember diese Kundgebung gegengezeichnet durch das Versprechen, er wolle künftig in allen Parteien die Deutschen sehen. Dieses Wort, erstreckt auf alle Parteien von Hohenzollern bis Zubeil, vom Evangelischen Kirchenrat bis zum Monismus, von Januschau bis zur letzten polnischen Kate, ist die sicherste Gewähr der Zukunft.

Nicht im einzelnen ein Programm von Wünschen und Verbesserungsvorschlägen zu entwickeln, ist jetzt die Zeit. Aber jenes Wort vom „Deutschen" ehern und unauslöschlich einzugraben. Denn, wenn es hält, dann wird der innere Weiterbau unseres Reiches und Rechtes eine Lust sein.

In Ernst Lissauers Zyklus von 1813 ist das ergreifendste Stück im Nachspiele: das Kyffhäuserfest. Wie über dem Grabe des erhofften Kaisers die Gedächtnisfeuer für Leipzig lodern; wie aus allen Teilen des Vaterlandes, aus allen Ständen die Edelsten klagen: „Not verging. Nun ist andere Not." Denn „der König brach im Sieg, was er im Kummer versprach". Wie ein Wehrmann mit dem Eisernen Kreuze an den Berg pocht, den Kaiser zu rufen; einmal — zweimal — dreimal — „aber der Kaiser schlief". Ist es denkbar, daß künftig einmal das Volk mit den Zehntausenden von Kreuzen, die auf der Brust unserer Helden prangen, mit den Zehntausenden von Kreuzen in Feindesland, unter denen deutsche Helden schlafen, vergebens an ein Kaiserschloß pochte, um den Herrscher zu mahnen, „was er im Kummer versprach"?! — Die Antwort, die einem solchen Klopfen käme, soll der schönste Gegensatz sein zwischen 1815 und 1915. Dann wird aus den Kämpfen, die mit so seltener Einmütigkeit geführt werden, das schönste Ziel erblühen, das alle, Kaiser, Kanzler und alle Parteien auf die Fahne geschrieben haben: ein großes, freies Volk!

6. Dienstpflicht und Zahlpflicht.

Als zum 1. August der Kaiser das Wort „Mobilmachung“ aussprach, da legten sofort zwei Millionen deutscher Bürger ihre Arbeit hin und gingen in die Kasernen, wo schon eine Million als Friedensarmee stand. Bis heute folgten weitere vier Millionen, und mindestens noch einmal zwei Millionen werden unter die Fahnen treten. Alle diese Männer kommen kraft gesetzlichen Zwanges; sie müssen nicht nur Erwerb, Heimat und Familie auf unbestimmte Zeit verlassen, nicht nur die Möglichkeit völliger Zerrüttung ihrer bürgerlichen Verhältnisse auf sich nehmen; sondern sie werfen auch Gesundheit und Leben in die Schanze. Niemandem ist verborgen, daß schwere Strapazen und Entbehrungen, gefährliche, brutale Kämpfe ihrer warten; daß Hunderttausende Wunden und Krankheit, vielleicht dauerndes Siechtum davontragen, daß Zehntausende nicht wiederkehren werden. Aber obgleich die Millionen das wissen, folgen sie willig und freudig dem gesetzlichen Rufe. Und alle im Volke teilen mit ihnen den Glauben, daß dieses Gesetz berechtigt, notwendig ist. Um der Erhaltung des Staates, der Volksgemeinschaft, des Deutschtumes willen müssen alle Einzelglieder bereit sein, sich völlig hinzugeben -- auf Tod und Leben. Die allgemeine Wehrpflicht im Frieden und Krieg ist uns etwas Selbstverständliches geworden.

Wenn nun der Kaiser statt der Bürger nur ihren Geldbeutel aufgerufen hätte!? Dazu hatte er keine Befugnis, aber ein Gesetz konnte sie schaffen. Welch ein Staunen wäre entstanden, wenn dem Reichstage zum 4. August auch ein Kriegsnotgesetz vorgelegt wäre, durch das jeder Reichsangehörige verpflichtet wurde, sein Vermögen und sein Einkommen von einer bestimmten Höhe ab dem Staate zur Verfügung zu stellen. Ob auch ein solches Gesetz ohne weiteres einstimmig von der Volksvertretung angenommen wäre? Ganz gewiß nicht. Und während seit langem das Reichsgesetz den Militärbehörden die vollste Verfügung über die Person aller Staatsbürger zwischen 17 und 45 Jahren gibt, während eines der Notgesetze den Bundesrat zu allen wirtschaftlich notwendigen Maßnahmen ermächtigt, hat man der Reichsverwaltung auch in der Zeit des Existenzkampfes keine erhöhte Verfügungsmacht über das Vermögen der Bürger eingeräumt.

Ist dieses verschiedene Verhalten nicht auffallend? Ist es nicht auch ein Zeichen des von mir oft behaupteten Charakters unseres Rechtes, das Vermögensinteressen viel höher wertet, besser schützt als Menscheninteressen? Ist es nicht auch ein Beweis für das Fehlen rechtzeitiger Anpassung der Gesetze an veränderte Lebensumstände?

Als in der französischen Revolution der Fürstenstaat gestürzt wurde durch den Volksstaat, da trat mit Recht an Stelle des fürstlichen Söldnerheeres die allgemeine Wehrpflicht. Aber Deutschland, das die allgemeine Wehrpflicht übernahm, hat die allgemeine Zahlpflicht ebensowenig durchgeführt wie den allgemeinen Volksstaat. Man wagte es nicht, das Privateigentum und die wirtschaftlichen Interessen der Oberschicht mit dem sozialen Gedanken anzugreifen. Und bis heute sind wir trotz aller Sozialpolitik in dieser Beziehung auf dem alten Standpunkte geblieben.

Dagegen kann man nicht die Steuerpflicht ins Feld führen. Denn die geringe Besteuerung für Heereszwecke (20 Mark auf den Kopf der Bevölkerung) ist gar nicht zu vergleichen mit der Dienstpflicht, die jeden Bürger für zwei oder gar drei Jahre aus seinem Erwerbe reißt. Und sie hat auch nicht für die Friedensbedürfnisse ausgereicht. Trotz wachsenden Wohlstandes haben Regierung und Reichtagsparteien nicht gewagt, die als notwendig erkannten

Rüstungsausgaben genügend zu decken. Fünf Milliarden Mark Schulden sind gemacht worden zu Heereszwecken im Frieden! Erst als die Gewißheit des großen Krieges unmittelbar bevorstand, entschloß man sich zu einer energischen Heranziehung des Besitzes im Wehrbeitrag; und auch da bedurfte es besonderer Begründung und Hinweise auf die Zeit vor hundert Jahren.

Vielleicht wird man sagen, eine weitgehende Inanspruchnahme der Vermögen würde eine Zerrüttung der Volkswirtschaft im Gefolge haben. Aber ihr Einfluß kann nicht stärker sein als der einer Einberufung von Millionen Personen. Und der Wehrbeitrag ist ohne Schwierigkeiten getragen worden. Oder man wird meinen, daß ein Vermögenszwang nicht nötig sei. Das ist insofern richtig, als die deutsche Heeresverwaltung bisher die zum Kriegführen nötigen Summen und Gegenstände sich hat beschaffen können. Aber jene gegen ein Zinsversprechen, das einer kommenden Generation dauernde Lasten auferlegt, und diese zu Preisen, die das Notwendige oft weit übersteigen. Ist es berechtigt, daß Kapitalisten an den Kriegsanleihen Zins- und Kursgewinne, Produzenten und Spekulanten an Heereslieferungen teilweise Wuchergewinne machen, während Millionen von Bürgern draußen kämpfen und bluten? Und vergißt man das Beispiel Japans, das 1905 seinen Sieg über Rußland nicht ausnützen konnte, weil Europa ihm nicht mehr borgte, und weil es auch nur die allgemeine Wehrpflicht der Personen, nicht des Vermögens hatte?

Viel schärfer als bei uns tritt uns das Mißverhältnis zwischen Wehrpflicht und Zahlpflicht in Frankreich entgegen. Als dieses sich zum entscheidenden Schlage gegen den vermeintlichen Erbfeind rüstete, führte es die Verlängerung der Dienstpflicht von zwei auf drei Jahre glatt durch, aber eine gerechte Einkommensteuer konnte noch nicht verwirklicht werden. Andererseits ist das

Volksvermögen zu großem Teile in den Dienst eines Zukunftskrieges gestellt worden, namentlich durch die Anleihen an den Bundesgenossen Rußland. Allerdings werden die Rentner hauptsächlich auf die Sicherheit und hohe Verzinsung der Papiere gehofft haben. Und mancher Fluch wird die französischen Banken treffen, wenn nach der Niederlage die 20 Milliarden fränkischen Goldes im russischen Staatsbankerott untergehen. Opfer für die Wehrmacht!

Richtiger ist das Verhältnis in England, das eine hohe Besteuerung der Wohlhabenden und keine allgemeine Wehrpflicht hat. England nimmt nur das Gut, nicht das Blut seiner Bürger zu Staatszwecken in Anspruch, jenes allerdings in starkem Maße; und die Weltstellung Englands beruht nicht zum kleinsten Teile darauf, daß jeder Kapitalist es für eine Pflicht erachtet, auch außerhalb des Gesetzes sein Vermögen in den Dienst der englischen Machtförderung zu stellen. Hierin können wir von unserem schlimmsten Feinde lernen. Zu unserem Glücke hat dieser vor der tiefsten Verwirklichung des Staatsgedankens, der allgemeinen Wehrpflicht, zurückgeschreckt. Deshalb werden wir ihn überwinden. Denn mit „silbernen Kugeln" allein ist das große Ringen nicht zu entscheiden.

Aber auch wir müssen die silberne Wehrkraft des Volksvermögens genau so energisch ausnützen wie die rote des Blutes. Einzelne Schritte hat der Bundesrat ja schon getan mit der Festsetzung von Höchstpreisen, mit Abgabezwang, Enteignungsbefugnis und dergleichen. Diese Eingriffe in die Wirtschaftsfreiheit wären uns noch vor wenigen Monaten ungeheuerlich erschienen. Und doch, auch sie bedeuten keine Vermögensminderung, nur einen Umsatzzwang und eine Beschneidung übermäßigen Vorteiles. Und wie gering sind sie im Vergleiche zu dem

Worte „Mobilmachung", das acht Millionen deutscher Bürger aus allem Einzeldasein reißt und sie zwingt, in Not, Entbehrung, Anstrengung und Tod zu marschieren. Solche Opfer können nicht ersetzt und nicht bezahlt werden. Sie entspringen dem Gedanken von sozialer Notwendigkeit und finden ihren Lohn im Siege des Vaterlandes. Sollte beides nicht auch genügen, als Begründung und Entgelt für Opfer an Vermögenswerten? Ja, sollte es nicht geradezu eine sittliche Pflicht des Staates sein, zu verhindern, daß mit solchen „Opfern" zugleich noch ein glänzendes Geschäft gemacht wird?

Unsere finanzielle Bereitschaft hat mehr vielleicht noch als die militärische unsere Gegner überrascht. Wir sind mit Recht stolz auf unsere Leistung und erwarten von ihr den Sieg. Aber wir wollen nicht vergessen, daß sie noch sehr bescheiden ist im Vergleich zu unserer Leistungsfähigkeit. Wenn wir des großen Sieges würdig sein wollen, den die Millionen kämpfender, blutender Brüder uns bringen werden, dann müssen wir ganz anders bereit sein, auch unser Gut in den Dienst des Vaterlandsgedankens zu stellen. Alle! Kraft Gesetzes!

Vor allem aber müssen wir diese Gesinnung hinüberretten in die Jahrzehnte nach dem Frieden, damit nicht eine platte, kulturlose, unsoziale Schacherzeit folge, wie unsere Väter sie nach 1871 erleben mußten. An jedem Gewinne von 1916 klebt Blut aus dem großen Ringen von 1914/15. Das muß jedem Besitzenden und Erwerbenden tief ins Gewissen gepredigt sein. Und unsere Gesetzgebung muß unerbittlich dafür sorgen, daß solche Gewinne nur unter Bedingungen erzielt werden, die der Kämpfer von 1914 würdig sind und die unter der allgemeinen Wehrpflicht stehen. Hier eröffnen sich Aufgaben für die Sozialpolitik im weitesten Sinne: Arbeiter- und Angestelltenschutz, Versicherungs- und Fürsorgeeinrichtungen, Boden- und Wohnungspolitik, Steuergesetze und vieles andere, die alles bisherige hinter sich lassen müssen, so wie das neue deutsche Reich seine Vergangenheit hinter sich lassen soll.

7. Sittlich auch gegen den Staat!

Augenblicklich scheint es, als sei der deutsche Einzelmensch restlos aufgegangen in der Gemeinschaft, als lebe im ganzen Volke nur der soziale Gedanke. Soweit es sich dabei um die Wehrpflicht handelt, entspricht die Opferfreudigkeit dem, was man von vornherein erwartete, was jedem als selbstverständlich erscheint — und was im Gesetze festgelegt ist. Die volle Hingabe der Person ist als Notwendigkeit begriffen und wird von der Gesamtheit gewollt. Aber auf vielen anderen, viel weniger schweren und opfervollen Gebieten war ein gleiches Hingeben des einzelnen an die Gesamtheit früher durchaus nicht so selbstverständlich; es war auch viel weniger durch Gesetz vorgeschrieben. Aber es ist auch unentbehrlich, und unsere Zukunft hängt zu großem Teile davon ab, ob die Kriegszeit als Lehrmeisterin gewirkt hat.

Nach meiner Überzeugung muß das Ringen um die deutsche Zukunft eine Verstärkung der Volksfreiheit, der Selbstverwaltung des Volkes zur Folge haben; nicht nur, weil die ungeheuren, von allen Schichten geleisteten Anstrengungen eine stärkere Rechtsgleichheit, eine Verminderung der noch bestehenden Vorrechte bedingen (und das bedeutet eine Demokratisierung); nicht nur, weil die Massen durch die Erlebnisse der Kriegszeit gestärkt mit erhöhten Ansprüchen auftreten werden; sondern vor allem, weil nur die Teilnahme aller am Staate die höchste Entwicklung des Staatswesens gewährleistet und weil nur die höchste Entwicklung in sozialem Sinne die Opfer des Kriegsjahres lohnt. Wie Freiherr vom Stein mit der Selbstverwaltung des Volkes (Städteordnung) den Grund zur Wiedergeburt des preußischen Staates legte, so muß auch eine vermehrte Selbstverwaltung die Grundlage sein, auf der das neue, größere Deutschland sich aufbaut.

Aber Voraussetzung dazu ist eine Bereitwilligkeit aller Bürger zur Teilnahme am Staatsleben, die über das bisherige weit hinausgeht. Es ist eine alte Klage, wie schwer namentlich das „Bürgertum" zu Wahlen, Ehrenämtern und politischen Zwecken zu bringen ist. Wie viele von denen, die jetzt im Felde stehen mit dem Bewußtsein, daß ihr Dasein vielleicht nach Tagen, nach Stunden zählt, waren im Frieden nicht zu bewegen, ihrer Gemeinschaft, der Stadt, dem Staate einige Stunden oder Tage im Jahre zu widmen. Geschäft, Familie, Kegelklub waren ihnen wichtiger — muß man fürchten, daß sie in solche unpolitische Philisterei zurückfallen können? — Wie viele von denen, die alles freudig im Stiche ließen und ihre Brust furchtlos den feindlichen Kugeln aussetzten, wagten früher nicht, bei Wahlen Farbe zu bekennen, wagten keine politische Meinung zu haben, um nicht einen Kunden zu verlieren, um nicht die „Karriere" zu verderben oder aus irgendeinem anderen nichtigen Grunde — vielleicht aus bloßer Bequemlichkeit. Sollte es möglich sein, daß auch diese Philisterfeigheit in den Helden von 1914 wieder erwacht? Sollte es nach den Kämpfen von 1915 wieder dahin kommen, daß deutsche Staatsbürger sich geschäftlich und gesellschaftlich ächten, weil sie verschiedener Meinung über des Volkes Wohlfahrt sind? Das würde uns um einen wertvollsten Teil des Siegespreises bringen. Das neue Deutschtum kann nur dann voll wirksam werden, wenn seine Träger durch und durch auch *politische Menschen* sind, die auch im Frieden es als sittliche Pflicht empfinden, ein Stück ihrer Zeit und Kraft dem Allgemeinen zu widmen, nach eigener freier Überzeugung!

Nach freier, d. h. auch von Eigennutz freier Überzeugung. Wir rühmen uns, daß in Deutschland öffentliches Leben und Staatsverwaltung sauberer seien als in irgendeinem anderen Staate. Wir kennen keine politischen Skandale großen Stiles. Unser Beamtentum verdient nicht nur wegen seiner technischen, sondern auch wegen seiner sittlichen Leistungen hohes Lob. Aber wir wollen die Augen nicht davor verschließen, daß in den Körperschaften der Selbstverwaltung ein Geist von geringerer sittlicher Höhe sich einzunisten begann: die öffentliche Tätigkeit zum privaten Nutzen.

Daß die verschiedenen Schichten des Volkes die Politik der Gemeinschaft nach ihren Interessen zu lenken versuchen, ist eine allgemeine Erscheinung, eine selbstverständliche und meist berechtigte; denn in der Regel glauben die einzelnen Teile tatsächlich, daß ihre Forderungen mit denen des Gesamtwohles zusammenfallen. Was ich hier im Auge habe, ist etwas anderes. Man findet kaum noch etwas darin, daß Stadtverordnete in Grundstücken spekulieren, ja wählt sogar mit Vorliebe Grundbesitzer zu solchem Ehrenamte. Im Reichstage ist allmählich der Mißbrauch eingerissen, daß im Ausschusse und im Plenum die persönlich Interessierten die Hauptwortführer sind. (So sind das Kaligesetz und das neue Branntweinsteuergesetz hauptsächlich von Leuten gemacht worden, die daran Geld verdienen.) Das spricht leider für ein geringes Zartgefühl nicht nur der Interessenten, die sich vordrängen, sondern auch der anderen, die es sich gefallen lassen. Es beweist, wie weit wir noch von einer allgemeinen Durchdringung mit dem sozialen Gedanken entfernt sind. Im Dienste für die Allgemeinheit soll der einzelne seine höchste innere Befriedigung finden, nicht aber den Allgemeindienst als Mittel zu persönlichen Zwecken mißbrauchen.

Viel schlimmer zeigt sich ein Mangel sozialer Moral an einer anderen Stelle, wo er leider sehr weit verbreitet ist. Die einfachsten Grundsätze von Treue und Redlichkeit im Wirtschaftsverkehre sind vergessen, wenn es sich um den Staat oder die Gemeinde handelt. Leute, die sich eher die Zunge abbissen, ehe sie ihren Mitmenschen betrögen, geben ohne Bedenken Steuererklärungen ab, die vor dem Richterstuhle der Wahrheit nicht bestehen könnten. Leute von tiefster Privatehrlichkeit benutzen nicht nur jedes Schlupfloch, aus dem sie mit etwas gewagter Auslegung des Gesetzestextes sich teilweise der Steuerpflicht entziehen können, sondern lügen ganz bewußt und ungeniert. Der Schmuggel ist ein weitverbreiteter Sport bei Männern und Frauen. Der verstorbene Abgeordnete Träger, der es ausgezeichnet verstand, bittere Wahrheit in liebenswürdigen Scherz zu kleiden, meinte einmal im Reichstage, daß der Normalbürger an dreihundert Mark, durch redliche Arbeit verdient, nicht halb so viel Freude empfindet, wie an drei Mark, die er dem Staate vorenthalten.

Dieses Verhalten ist nur dadurch zu erklären, daß den Bürgern noch das Staatsbewußtsein fehlt. Sie sehen im Gegner, den sie geschickt betrügen, nur den „Fiskus“, die Steuerbehörde, die ihnen etwas von dem Ihrigen abverlangt; sie haben nicht begriffen, daß dieser Fiskus nur eine unentbehrliche Schattenseite des Staates ist, auf dem ihre Existenz beruht, des Staates, der sie selbst sind; und daß alles, was sie widerrechtlich nicht leisten, von ihren Mitbürgern geleistet werden muß. Wer Steuern hinterzieht, der benachteiligt nicht das Abstraktum „Staat“, sondern seinen Nachbar, der ehrlich ist.

Bisher wurde die laxe Steuermoral unterstützt durch die Gesetzgebung, die eine Unredlichkeit gegen die Gesamtheit viel milder ahndete als eine gegen den einzelnen, die vor allem jede Ehrenstrafe dagegen vermied. Seit dem Wehrbeitrage von 1913 haben wir neben Geldbußen auch Gefängnisstrafe für wissentlich falsche Steuererklärungen. Hoffentlich hält die S i t t e mit der Verschärfung des Rechtes gleichen Schritt, so daß man nicht mehr in der „besten Gesellschaft" unangefochten von Schmuggel und Untererklärung erzählen darf.

Eine Änderung auf diesem Gebiete hat ja nicht nur die unmittelbare Wirkung, daß die Steuereingänge sich erhöhen, die ehrlichen Bürger entlastet werden, sondern noch wichtiger ist die Schärfung des sozialen Gewissens: Was dem Nachbar gegenüber eine Gemeinheit wäre, das ist dem Fiskus gegenüber — eine noch größere Gemeinheit, denn es schädigt die Gesamtheit und den Nachbar!

III. Volkswirtschaftliches.

8. Menschenökonomie.

„Dieses Buch ist ein Protest gegen die unerhörte Menschenvergeudung, die auch in unseren Tagen noch betrieben wird. Es ist eine Anklageschrift gegen alle diejenigen, die den Wahnglauben vertreten und verbreiten, daß der Mensch ein im Überfluß vorhandenes Gut ist, mit dem sparsam umzugehen niemand verhalten zu werden braucht." Mit diesem Kernsatz leitet der Wiener Soziologe Rudolf Goldscheid seine „Programmschrift" über Menschenökonomie ein [1]). Ihr Inhalt ist im ersten Satze gekennzeichnet; sie will das ökonomische Prinzip, das allen Sachgütern gegenüber gilt, auch auf den Menschen angewandt wissen; will unserer landläufigen Warenökonomie, die wir fälschlich Volkswirtschaft nennen, eine wirkliche Volkswirtschaft entgegenstellen; und begegnet sich hier mit Bestrebungen, die auch von anderer Seite neuerdings energisch vertreten werden. Drei Jahre später ist auch die „Grundlegung der Sozialbiologie" erschienen [2]), aus der jene erste Programmschrift den nationalökonomischen Hauptteil bildete. Ein Band mit einem vollständigen Systeme der Menschenökonomie steht noch aus. Aber das Vorliegende genügt vollkommen, unsere

---

[1]) Entwicklungswerttheorie, Entwicklungsökonomie, Menschenökonomie. Leipzig 1908.

[2]) Höherentwicklung und Menschenökonomie. Leipzig 1911.

noch herrschenden wirtschaftlichen und sozialpolitischen Anschauungen umzustoßen. Und nachdem der verdienstvolle Verfasser auch Gelegenheit gefunden hat, seine Ideen in kurzen Vorträgen zusammenzufassen [3]), ist es an der Zeit, daß die Öffentlichkeit sich ausgiebig mit dem Probleme beschäftigt. Denn hier handelt es sich um das Grundlegende in aller staatlichen und gesellschaftlichen Tätigkeit, um das größte und wichtigste: um die naturwissenschaftliche Begründung der Soziologie.

Es ist ja eine bekannte wie beschämende Tatsache, daß in den modernen Kulturstaaten und in der „wissenschaftlich aufgeklärten" Gesellschaft des zwanzigsten Jahrhunderts die meisten wissenschaftlichen Erkenntnisse da halt machen müssen, wo sie am wichtigsten werden: vor dem Menschenleben. Alter religiöser Wahn und selbstsüchtige Interessen der Machthaber hindern die Nutzbarmachung naturwissenschaftlicher Erkenntnis für die Entwicklung des Menschengeschlechtes; sie werden auch den Ideen Goldscheids solange Widerstand entgegensetzen, bis die unter der heutigen Zerstörungspolitik leidenden Massen ihre Durchführung erzwingen. Hoffentlich bald, ehe wir unser Volk rettungslos heruntergewirtschaftet haben. Denn während die landwirtschaftliche Statik längst den Raubbau am Acker als unrentabel nachgewiesen hat, treiben wir größten Raubbau am Menschen. Während wir unendliche Mühe darauf verwenden, unsere Haustiere nützlich und rentabel zu züchten, unsere Maschinen recht praktisch und wirtschaftlich zu konstruieren, kümmern wir uns nicht um Produktion, Verwertung und Nutzen des Menschen. Unser Staat, der alles regiert, überläßt das wichtigste dem Zufalle. Ja, er ver-

---

[3]) Darwin als Lebenselement unserer modernen Kultur. Wien und Leipzig 1909. Friedensbewegung und Menschenökonomie. Leipzig 1912. Frauenfrage und Menschenökonomie. 2. Aufl. Wien 1914.

bietet die sachgemäße Ordnung. Ein Beispiel: Auf der Internationalen Hygiene-Ausstellung zu Dresden mußte die deutsche Gesellschaft zur Bekämpfung der Geschlechtskrankheiten in ihrer Ausstellungsgruppe eine schmerzliche Lücke lassen und im Kataloge bemerken: „Eine Ausstellung der eigentlichen Schutzvorrichtungen gegen venerische Infektion ist durch das Gesetz verboten"!

Daran hat sich auch nicht viel geändert, als der Entwicklungsgedanke durch das Werk Darwins sich Anerkennung erzwang. Denn nun hatten die Großen im Staate einen bequemen Vorwand, unter Berufung auf den „Kampf ums Dasein", seine Notwendigkeit und segensreiche Wirkung, energisch weiter zu sündigen: Sozialpolitik und Hygiene sind Unsinn; sie schwächen den Auslesungsprozeß; hindern die gütige, zielbewußte Natur, alle ungeeigneten Existenzen auszumerzen usw. Noch heute gibt es Rassenthoretiker, die mit solchen Schlagworten allen „Schutz der Schwachen" bekämpfen [4]).

Gegen sie wendet sich Goldscheid, indem er unter vollster Anerkennung der Deszendenztheorie und der gewaltigen Verdienste Darwins die Grenzen seiner Ergebnisse für die Anwendung auf die menschliche Gesellschaft zieht. Darwin war der erste, der die Welt des Organischen grundsätzlich des Wunderbaren entkleidete. Aber seine Mechanik zeigt nur die Möglichkeit der Entstehung von Arten, nicht die Notwendigkeit der besten Erhaltung und Fortentwicklung der bestehenden Arten. Darwin war glühender Optimist, als er lehrte, daß die Tüchtigsten im Kampfe ums Dasein siegen. Uns ist es heute ein Problem, ob die Überlebenden die Tüchtigsten sind. Wir wissen, daß die natürliche Auslese nicht nur zu Fortschritten, sondern auch zu offenbaren Rückschritten

[4]) Vgl. den Abschnitt „Schutz der Schwachen?" in meinen „Problemen des Arbeitsrechtes". Jena 1912.

führen kann. Wir wissen ferner, daß die Art, wie die Natur durch Selektion ihre vermeintlichen „Ziele“ erreicht, eine recht unökonomische ist. Die Natur verschwendet eine Überfülle von Keimen, um einige zur Entwicklung kommen zu lassen. Als Zeichen der Kultur gilt uns ein ökonomisches Verhalten, bei dem mit geringstem Aufwande ein höchster Erfolg erzielt wird. Und beim Menschen selbst sollte das nicht zutreffen?

Dazu kommt, daß Darwin, von Malthus angeregt, die Überproduktion aller organischen Arten als unbedingt, die unerschöpfliche Fruchtbarkeit als konstant annahm. Goldscheid behauptet, daß sie variabel sei, selbst eine Anpassungserscheinung, eine Reaktion auf die Selektion. Je mehr Wesen zugrunde gehen, desto mehr müssen geboren werden, damit die Art dauert. Aber die Quantität der Individuen läßt sich nur auf Kosten der Qualität steigern. Unsere Verwüstung von Menschenleben ist der größte Feind einer Höherentwicklung des Menschen — Massenproduktion pflegt Schund zu sein! Aber auch der Gedanke ist falsch, als ob nun auf Kosten der „Vielzuvielen“ eine hervorragende Minderheit emporsteigen könnte. Denn der Mensch unterscheidet sich vom Tiere dadurch, daß er seine Umwelt verändert; daß er nicht nur passiv vom Milieu beeinflußt wird, sondern noch stärker es aktiv beeinflußt; daß er nicht nur seine körperlichen und geistigen Eigenschaften vererbt, sondern auch den Erfolg seiner Arbeit. Er ist nicht nur ein Naturprodukt, sondern auch ein Kulturprodukt. Das gibt ihm nicht nur die Möglichkeit, die Lebensbedingungen des Volkes günstig zu beeinflussen, sondern z w i n g t ihn auch dazu. Denn die Massen, die den Kampf ums Dasein nicht bestehen, sinken nicht in den Tod, sondern in schlechte Verhältnisse. In ihrem Elendssumpfe pflanzen sie sich fort und — vergiften die organische Reserve des Volkes.

Hier ist der Punkt, an dem Goldscheid von darwinistischen Gedanken aus zu der Forderung einer energischen Schutzpolitik hygienischer, sozialer und wirtschaftlicher Art kommt. Allerdings ist nicht „Schutz der Schwachen!" das richtige Bannerwort, sondern „Schutz vor Schwächung!" Und mit schneidender Schärfe, mit sittlichem Pathos wendet er sich gegen die „extremen Selektionisten", die „im Dienste reaktionärer Mächte" sich die schwere Sünde zuschulden kommen lassen, „mittels Übertreibung der Gefahren des Schutzes der Schwachen planmäßige Diskreditierung des Schutzes vor Schwächung hervorzurufen"; wendet er sich gegen unsere Kultur, die „Hygiene und Karitas in solch grauenhaftem Umfange zu ihrer unentbehrlichen Voraussetzung hat."

Zu den gleichen Folgerungen und Forderungen wie die Naturwissenschaft führt auch die Wirtschaftswissenschaft. In seinen ökonomischen Darlegungen berührt sich Goldscheid nahe mit den Gedanken, die auch ich seit einer Reihe von Jahren in der Öffentlichkeit vertrete. Wir haben noch gar keine Volkswirtschaftslehre. Was sich so nennt, ist eine Lehre von den Einzelwirtschaften und ihren Beziehungen im Rahmen eines nationalen Marktes. Und unsere Staatswirtschaftslehre ist rein fiskalische „Kameralwissenschaft"; sie trägt noch ganz den Charakter ihres Ursprungs als Verwaltungslehre für die Bewirtschaftung des Staates als einer fürstlichen Domäne. Deswegen übersehen wir den grundlegenden Unterschied, daß für die Privatwirtschaft der Mensch nur Subjekt, für die Volkswirtschaft zugleich aber auch Objekt ist; und zwar das bei weitem wichtigste Objekt. Dreiviertel alles Einkommens und Vermögens des Volkes wird in der Erziehung und Ernährung der Volksgenossen selbst angelegt. Von der Rentabilität dieser ungeheuren

Milliardensumme hängt das Reicher- oder Ärmerwerden des Volkes ab. Das heißt davon, ob jeder einzelne in seinem Leben mehr leistet, als seine Aufzucht kostet. Aber der Wert der Leistung bestimmt sich nicht nach unseren heutigen privatwirtschaftlichen Kategorien, sondern nach volkswirtschaftlichen.

Die Römer fütterten ihre Muränen mit Sklavenfleisch und handelten durchaus ökonomisch richtig, wenn „mit Sklavenfleisch gefütterte Muränen auf dem Markte pro Kilo verfütterten Sklavenfleisches einen höheren Preis erzielten, als der lebende Sklave als Ganzes pro Kilo seines Lebendgewichtes“ [5]). Ähnlich so handeln wir auch heute noch; nur ist das Verhältnis insofern schlimmer geworden, als nach Aufhebung der Sklaverei der Mensch überhaupt keinen Preis und damit leider auch keinen „Wert“ mehr hat. Wir sprechen von der Rentabilität eines Unternehmens und denken dabei nur an die Verzinsung des darin arbeitenden Kapitals. An die Verzinsung der darin arbeitenden Menschen denken wir nicht; und doch macht nur diese die volkswirtschaftliche Produktivität des Unternehmens aus. Der „Profit“ beherrscht uns; und man fragt nicht nach seiner Herkunft; nicht, mit welchen Kosten und auf wessen Kosten er erzielt wird. Der meiste Profit aber wird auf Kosten der arbeitenden Mitmenschen erzielt. Die meisten Reichtümer werden durch Raubbau an der Gesundheit und Arbeitskraft der Massen gewonnen. Denn wirklich produktiv ist nur diejenige Arbeit, die „Mehrwert“ schafft, nicht im Sinne von Marx, sondern im Sinne von Goldscheid, nicht privatwirtschaftlichen, sondern volkswirtschaftlichen, biologischen, entwicklungsökonomischen Mehrwert. Das heißt: der Energieaufwand muß das volle Äquivalent und möglichst ein kleines Plus für die Entwicklung des Menschen bringen.

[5]) Goldscheid: Entwicklungswerttheorie, Seite 18.

Daß das heute bei uns nicht der Fall ist, braucht nicht dargelegt zu werden. Die grauenhaften Unterschiede zwischen der Gesundheit, Lebensdauer, Kindersterblichkeit der Armen und Reichen schreien laut genug. Und es gibt auch Männer in leitenden Staatsstellungen, die den wirtschaftlichen Wert des Menschen begreifen. Leider noch nicht bei uns, sondern bei unseren Hauptkonkurrenten. Der führende englische Minister, Lloyd George, sagte in seiner berühmten Budgetrede vom 29. April 1909:

„Wir haben während der letzten sechzig Jahre in einem in der Weltgeschichte fast einzigartigen Umfange Reichtümer angehäuft. Aber es geschah mit einer erschreckenden Vergeudung an Menschenmaterial. Wir haben auf die robuste Lebenskraft der ländlichen Bezirke trassiert und die Energien so sorglos in der entnervenden Atmosphäre städtischer Fabriken und Werkzeuge verausgabt, als sei der Vorrat unerschöpflich. Wir beginnen jetzt zu begreifen, daß wir von unserem Kapital hergaben, und zu einem unheilvollen Kurs. Es ist Zeit, eine ernste, einmütige, nationale Anstrengung zu seiner Erneuerung zu machen."

Wie weit von solcher Einsicht unseres Feindes sind doch unsere Minister entfernt, die noch Volkswirtschaft mit Fiskus verwechseln. Da holzt man die Wälder in der Nachbarschaft großer Städte ab, bebaut die letzten Freiplätze einer Millionenstadt mit hohen Mietkasernen und freut sich über die Spekulantengewinne des Fiskus — als ob sie nicht doppelt und dreifach aufgewogen würden durch die Schädigungen der Volksgesundheit.

In Sozialpolitik ist „Deutschland in der Welt voran" — in verkehrter Sozialpolitik. Wir fangen an mit der Versorgung der Geschädigten statt mit der Fürsorge gegen Schädigungen. Und daß die Reichsversicherungsordnung Einschränkungen der Unfallverhütung und des vorbeugenden Heilverfahrens bringen konnte, ist eine unbegreifliche Kurzsichtigkeit. Der „Schutz der Schwachen" muß das Volk einfach bankerott machen, wenn er nicht von einem „Schutz gegen Schwächung" überholt wird. Das aber wird erst dann der Fall sein, wenn anerkannt wird, daß der Menschenschutz, die Verhinderung des jetzigen privatwirtschaftlichen Raubbaues am Menschen nicht nur eine sittliche, sondern auch eine wirtschaftliche Notwendigkeit ist. Die „große Kronprinzenwahrheit, daß der Mensch das kostbarste Gut des Staates ist", muß auch von den Nationalökonomen eingesehen werden; dann kann die Menschenökonomie die Grundlage für ein soziales Staatswesen und für eine Höherentwicklung der Menschheit geben.

9. Der wirtschaftliche Wert des Menschenlebens.

Der vielbeliebte Ausdruck, daß unsere Zeit im Zeichen des Sozialen stände, ist eine große Übertreibung. Das zeigt sich am besten auf dem großen und wichtigen Gebiet der Volkswirtschaftslehre und Wirtschaftspolitik. Denn was bedeutet das Wort „sozial" anders, als daß der Mensch in allen Dingen die Hauptsache sein muß! Sozial ist der Staat, dessen Lenker wissen und sich stets vor Augen halten, daß der Staat um der Menschen, d. h. um der Staatsbürger willen da ist, und daß er kein höheres Ziel kennen kann und kennen darf, als möglichst viele gesunde, tüchtige, leistungsfähige, aber auch leistungsfreudige, glückliche Menschen zu Staatsbürgern zu zählen. Sozial ist die Wirtschaftslehre und Wirtschaftspolitik nur dann, wenn sie weiß, daß der Mensch selbst nicht nur ihr Subjekt, sondern auch ihr wichtigstes Objekt ist, daß sie nicht nur Boden, Häuser, Wälder, Vieh, Maschinen, sondern auch das Menschenleben wirtschaftlich werten muß.

Eine solche Anschauung ist nichts absolut Neues oder Unbekanntes.

Der Vater der modernen Nationalökonomie, Adam Smith, hat klar erkannt und ausgesprochen, daß jede Vermehrung der Geschicklichkeit und Leistungsfähigkeit der Bewohner einen Staat genau so bereichert, wie die Erfindung von neuen Maschinen, wie die Verbesserung des Bodens und die Besiedelung neuer Gebiete. Und der größte deutsche Volswirt, Friedrich List, hat an die Spitze seines Systems den Satz gestellt, daß der Reichtum eines Volkes in der Summe der produktiven Kräfte beruht, von denen die wichtigste die menschliche Arbeit ist. Heute lesen wir von Schätzungen des nationalen Vermögens, von der Zunahme des Reichtums, aber wir vermissen darin den wichtigsten Posten: was die 68 Millionen Menschen wert sind, die unsere Heimat bevölkern.

Man hat uns daran gewöhnt, daß alle Wissenschaft vor dem Menschenleben Halt machen soll. Die wichtigste Tatsache in aller Politik und Wirtschaft, die Fortpflanzung, hat man mit dem Schleier des Verbotenen, des Göttlichen, des Unanständigen umgeben. Dieser Unfug kostet uns ungeheure Summen. Wir verschwenden Witz und Mühe darauf, die Produktion von Waren technisch und wirtschaftlich zu vervollkommnen, recht gute Tiere rentabel zu züchten, aber wir versäumen es, die dort gefundenen Wahrheiten auf das wichtigste Gebiet anzuwenden, nämlich auf die Produktion des Menschen. Vielleicht hält ein übertriebenes Zartgefühl uns davon ab, vielleicht nur der seit unendlicher Zeit gepflegte Unverstand. Gewiß ist der Mensch keine Ware und kein Stück Vieh, nicht alle Seiten seines Wesens lassen sich wirtschaftlich werten und in Zahlen ausdrücken. Aber die wirtschaftliche Seite des Menschenlebens ist doch eine ungeheuer wichtige, und man wird niemals zu einer richtigen Wirtschafts- und Bevölkerungspolitik kommen, wenn man es nicht lernt, auch das Menschenleben mit dem Auge des rechnenden Kaufmannes zu betrachten und sich zu fragen: Was kostet der einzelne Mensch der Gesamtheit? Was bringt er ihr ein? Ist das Volk durch den einzelnen reicher oder ärmer geworden?

Zweifellos ist, daß auch der Mensch eine Kapitalsanlage darstellt, daß in jedem Glied unseres Volkes ein gewisser wirtschaftlicher Wert kapitalisiert ist. Von der Höhe der in der Ernährung und Erziehung des Volkes verausgabten Summe kann man sich nur einen ungefähren Begriff machen. Der Berliner Statistiker Engel hat geschätzt, daß der deutsche Staatsbürger im Durchschnitt etwa jährlich 500 Mark gebraucht. Die Zahl wird von manchen Gelehrten für zu hoch gehalten, von anderen für zu niedrig. Für England schätzt ein Statistiker die doppelte Summe — auf Kleinigkeiten kommt es nicht an. Nehmen wir die Engelsche Zahl für richtig, so ergibt sich, daß die Aufzucht der gegenwärtig vorhandenen 68 Millionen Einwohner Deutschlands mit einem Durchschnittsalter von fast 30 Jahren über 1000 Milliarden gekostet hat.

Das Sachvermögen des deutschen Volkes, also Geld, Wertpapiere, Häuser, Maschinen, Vieh, Wälder, Grund und Boden usw. wird von Professor Lexis auf rund 300 Milliarden geschätzt. Auch diese Zahl mag sehr ungenau sein, jedenfalls ergibt sie ein Verhältnis des Sachvermögens zum Personenvermögen von 1 : 3. Das im Menschen angelegte Kapital ist also unermeßlich viel größer, als alles sonst vorhandene. Die Erhaltung und Verbesserung des Menschenbestandes ist also wirtschaftlich bedeutsamer als jede Verbesserung etwa des Rindviehbestandes, als jede Veränderung der Grundrente, als der Bau von Maschinen usw. Alle diese Sachgüter können zunehmen und unser Volk wird doch ärmer, wenn die Produktion des Menschen weniger rentabel sich gestaltet. Und umgekehrt können wir reicher werden, auch wenn alle Sachgüter sich im Werte vermindern. Das ist beim Volke genau so, wie beim einzelnen, der sein Kind auch besser versorgt durch eine gute Erziehung, als durch die Vererbung eines kleinen Sparkapitals. Der Reichtum einer Nation besteht in ihren produktiven Kräften; die wichtigste darunter ist der Mensch.

Rein wirtschaftlich betrachtet zerfällt das Leben jedes Menschen in mehrere Perioden, die man nach kaufmännischem Sprachgebrauche als aktive und passive bezeichnen kann. Vom Augenblicke seiner Geburt an, ja schon vorher, kostet der Mensch seinen Angehörigen Geld, Zeit und andere wirtschaftliche Werte: Wartung, Erziehung, Ernährung. Die erste Periode, in der das Kind nur Ausgaben bringt, reicht etwa bis zur Beendigung der Schulzeit. Dann beginnen die Kinder zu arbeiten, sich ihren Unterhalt selbst zu verdienen. Der Verdienst wächst; sie erwerben wieder, was für ihren Unterhalt und Unterricht früher ausgegeben ist und kommen dadurch in die Lage, ihrerseits wieder Kinder großzuziehen. In höherem Lebensalter läßt die Arbeitsfähigkeit nach, die Aktivseite der Bilanz sinkt, bis vielleicht Krankheit, Erwerbsunfähigkeit, Altersschwäche das Leben mit einem rein passiven Posten abschließen lassen. Jeder Knabe und jedes Mädchen verkörpert gewissermaßen ein „werbendes Kapital", daß die Eltern in ihnen angesammelt haben, und das von einem gewissen Zeitpunkt ab den Kindern selbst, den Eltern und der gesamten Volkswirtschaft Zinsen trägt, bis im hohen Alter die Zinsen nicht mehr reichen und vom Kapital gezehrt werden muß. Die Bilanz jedes einzelnen Lebens ist um so günstiger, je mehr die Aktivseite, das Zurückgezahlte, d. h. das über den eigenen Lebensbedarf Geleistete, die Kosten der Aufzucht und des arbeitsunfähigen Alters übersteigt. Die Bilanz des Volkes ist um so günstiger, je stärker die aktiven Leben in ihr überwiegen.

Natürlich lassen sich keinerlei Regeln aufstellen, wie hoch der einzelne Mensch der Gesamtheit zu stehen kommt, wie hoch seine Erziehungskosten sind, wann er sich selbst bezahlt macht (Kinderarbeit und Wunderkinder!), wieviel er im Laufe des Lebens an wirtschaftlichen Werten für die Gesamtheit leistet (auch wissenschaftliche und politische Leistung kann für die Gesamtheit großen wirtschaftlichen Wert haben), bei welchem Alter die Leistungsfähigkeit aufhört oder die Kosten des Unterhalts den Wert der Leistungen übersteigen (die Erfahrung völlig invalider Greise kann sehr wertvoll sein), in welchem Maße während des aktiven Zeitraumes die Produktivität wächst oder abnimmt. Alles das ist sehr verschieden je nach dem Volke, nach der Zeit, nach der sozialen Klasse, nach den natürlichen Existenzbedingungen.

Es ergibt sich also als wichtigste Aufgabe der Bevölkerungspolitik:

1. das Einzelleben möglichst aktiv zu machen;
2. die Zahl der aktiven Leben zu vermehren.

Das ist eine wirtschaftliche Sache. Man kann gar nicht genug Arbeit und Geld darauf verwenden, aktive Lebensbilanzen zu schaffen. Es gibt gar keine rentablere Anlage von Staatsgeldern, als die Förderung einer recht großen Zahl von gesunden, leistungsfähigen Menschen.

Eine solche wirtschaftliche Betrachtung des Menschenlebens ergibt für alle Gebiete des Staatslebens außerordentlich wichtige Gesichtspunkte.

Die gesetzliche Einführung der S o n n t a g s r u h e ist bisher hauptsächlich unter dem Standpunkt der Sonntagsheiligung ver-

4*

treten worden. Mag der Pfarrer dieses Argument verwerten, der Volkswirt muß die Forderung der Sonntagsruhe mit Rücksichten kaufmännischer Rentabilität begründen. Er wird nachweisen, daß ein Mensch, der wöchentlich sechs Tage arbeitet und am siebenten sich ausruht, im Lauf der Jahrzehnte mehr leistet, als derjenige, der ohne Ruhetag tätig sein muß. Eine Verbesserung der Wohnungsverhältnisse wird aus Gründen der Gesundheit, Sittlichkeit und der Kultur erstrebt, der wichtigste Grund wird viel zu wenig hervorgehoben: der wirtschaftliche Nutzen. Unsere Staatsmänner sind außerordentlich schlechte Rechner, sonst würden sie wissen, daß die Millionen, die sie für eine Verbesserung des Wohnungswesens ausgeben, unermeßliche Zinsen tragen. Daß es gar keine rentablere Geldanlage gibt, als auf solche Weise das menschliche Leben zu verlängern, die Gesundheit und Arbeitsfähigkeit der Staatsbürger zu erhöhen.

Auf einem Gebiet ist dieser kaufmännische Gesichtspunkt zu offener Anerkennung gekommen: in der vorbeugenden Heilbehandlung der Invaliden-Versicherung. Die Landesversicherungsanstalten errichten Lungenheilstätten und andere Anstalten nicht in der Absicht, den Versicherten besondere Vorteile zuzuwenden, sondern in der richtigen Erkenntnis, daß für jede Million, die zur Erhaltung der Gesundheit, zur rechtzeitigen Beseitigung einer Krankheit ausgegeben wird, verschiedene Millionen an Renten gespart werden.

Eine bekannte Tatsache ist die erschreckend hohe Sterblichkeitsziffer bei unehelichen Kindern. Die Ziffer beruht nicht auf natürlichen Ursachen, sondern auf dem Vorurteil, das unsere humane Zeit diesen Kindern schon vor der Geburt entgegenbringt. Die wenigsten, die über solche Dinge berichten, haben sich wahrscheinlich jemals klar gemacht, daß ihre Haltung gegen die uneheliche Mutter und ihr Kind dem deutschen Volke jährlich einige 100 Millionen an nutzlos vergeudeten Menschenleben kostet.

Schließlich als letztes Beispiel die Frage der Kinderarbeit. Die Bewegung zur Beschränkung der Erwerbsarbeit von Kindern ist aus sittlichen und gesundheitlichen Gründen entstanden. Was sich dagegen sträubt, ist wirtschaftlicher Egoismus, Gewinnsucht oder wirtschaftliche Not. Das beste Argument dagegen wäre ein zahlenmäßiger Beweis der Rentabilität des Verbotes, — der zahlenmäßige Beweis, daß ein Mensch, der im 15. Lebensjahre mit ernster Arbeit beginnt, bis zum 40. Jahre tatsächlich mehr leistet, als ein anderer, der schon vom 10. Jahre ab arbeiten muß.

Was hier bewiesen werden soll, erscheint uns auf anderem Gebiet, etwa bei einem Tiere, als ganz selbstverständlich. Wer einem Landwirte den Rat gibt, ein halbreifes Fohlen vor den Pflug zu spannen, wird diesem als ein sehr schlechter Ratgeber erscheinen. Weiß man wirklich nicht, daß die vorzeitige Anspannung des Organismus bei Menschen genau so schädlich wirken muß wie beim Pferde? Oh, ja, man weiß es, aber man will es nicht wissen. — Ich habe ein wirtschaftliches Interesse an meinem Pferde, aber ich habe kein wirtschaftliches Interesse an meinem Mitmenschen, der in meinem Dienste arbeitet. Er ist mir durch freien Arbeitsvertrag verbunden, ich bezahle nur seine Arbeit, nicht seine Erziehung, und ich entlasse ihn, wenn seine Arbeit mir nicht mehr lohnt. Es ist nicht mein Geld, was in meinem Arbeiter drinsteckt, es kostet mich nichts, wenn er durch übermäßige Arbeit, durch Mangel an Erholung, durch ungenügende Ernährung oder dergleichen vor der Zeit ruiniert wird. Er ist ja nur ein Volksgenosse, und als Kranker, Arbeitsunfähiger fällt er der Allgemeinheit zur Last. Das ist der springende Punkt, der Kern des sozialen Übels. Wir haben den Menschen äußerlich frei gemacht, so daß der Arbeitgeber am freien Arbeiter nicht mehr das persönliche Interesse hat, wie an dem Sklaven. Aber wir haben das alte römische Recht beibehalten und haben nicht gelernt, daß die Gesamtheit des Volkes an dem einzelnen arbeitenden Menschen das gleiche Vermögensinteresse hat, das früher der Privatbesitzer hatte. Unser Recht ist noch in erster Linie ein Recht für Sachen, nicht ein Recht für Menschen. Unsere Volkswirtschaftslehre befaßt sich mit Sachgütern, nicht mit Lebensgütern. Sie ist, wie Finanzrat Losch es ausdrückt, eine Unternehmer-Ökonomie, keine Volkswirtschaftslehre.

Privatwirtschaft und Volkswirtschaft ist eben etwas ganz Verschiedenes; und wenn wir wünschen müssen, daß alle Staatsbürger in möglichst rentablen Berufen tätig sind, eine möglichst gewinnbringende Beschäftigung ausüben, so dürfen wir dabei nicht von privatwirtschaftlichen Gesichtspunkten ausgehen. Das ist leider heute in der Regel der Fall. Als rentabel gilt uns ein Unternehmen, wenn es dem Unternehmer sein Kapital angemessen verzinst. Dabei kann es volkswirtschaftlich längst unrentabel sein, denn der Unternehmer kalkuliert den wichtigsten Posten nicht mit: den Verbrauch an Menschenkraft und Menschenleben. Man denke an die Zustände, die Gerhard Hauptmann in seinem Drama „Die Weber" schildert. Für die einzelnen Unternehmer war die schlesische Weberei damals noch ein gutes Geschäft. Für die Volkswirtschaft war sie ein sehr schlechtes Geschäft, denn sie war nur ein Diebstahl des einzelnen an der Gesamtheit. Auch heute gibt es noch mancherlei Industriezweige, namentlich Exportindustrien, die auf Heimarbeit, auf Frauen- und Kinderarbeit beruhen, an denen die Unternehmer noch Geld verdienen, an denen aber die Gesamtheit Geld verliert. Wir haben keinen Grund, auf die Exportzahlen solcher Industrien stolz zu sein, denn wir exportieren an Menschenkraft und Gesundheit hundertmal mehr, als der Gewinn der Unternehmung wert ist.

Umgekehrt kann ein Betrieb volkswirtschaftlich noch sehr rentabel sein, auch wenn der Privatunternehmer Geld dabei zusetzt. Radikale Freihändler haben sich beispielsweise mit einem Schutzzoll für den deutschen Wald einverstanden erklärt, weil sie glauben, daß er aus ethisch-kulturellen Gründen das Opfer wert sei. Viel wichtiger ist auch hier der wirtschaftliche Gesichtspunkt. Der Schutzzoll macht sich glänzend bezahlt. Der Wald als Erholungsstätte für die arbeitende Bevölkerung spart so viel Lebenskraft und Arbeitskraft, daß der wirtschaftliche Aufwand dagegen verschwindet. Ähnlich verhält es sich mit Verkehrsanstalten, mit Krankenfürsorge und anderen Dingen, die rentabel sind, auch wenn sie keine Zinsen einbringen, die aber deswegen auch zweckmäßig von der Gesamtheit übernommen werden müssen.

Der gleiche Gesichtspunkt ist ausschlaggebend, wenn man die Rentabilität der verschiedenen Erwerbszweige vergleicht. Nicht nur die Löhne, das Anlagekapital und seine Verzinsung müssen berücksichtigt werden, sondern auch das Anlagekapital im Menschen, die Ausbildung der zum Betriebe notwendigen Menschen und ihr Verbrauch. Bei solcher volkswirtschaftlichen Berechnung wird offenbar die Landwirtschaft besser abschneiden, als bei der privatwirtschaftlichen Betrachtung.

Vor allem erscheint die Lohnfrage volkswirtschaftlich ganz anders, als privat-wirtschaftlich. Eine Erhöhung der Arbeiterlöhne kann eine Schmälerung des Unternehmergewinns und doch eine Steigerung der volkswirtschaftlichen Rentabilität des Unternehmens bedeuten. Denn ein Unternehmen, das dem Besitzer nur eine sehr bescheidene Verzinsung bietet, das aber Tausenden gesunder Arbeiterfamilien Beschäftigung gibt, ist unendlich viel rentabler, als ein anderes, das 20 Proz. Dividende verteilt, dessen Arbeiter aber mit Hungerlöhnen sich abrackern müssen.

Natürlich ergeben sich aus der kaufmännischen Betrachtung des Menschenlebens besonders wichtige Gesichtspunkte für die bevölkerungspolitischen Fragen im engeren Sinne, d. h. für die zwei Fragen: wie eine Bevölkerung zusammengesetzt sein und wie diese Zusammensetzung entstehen muß, um dem hier genannten obersten Grundsatze zu entsprechen, eine Bilanz mit recht vielen aktiven Leben zu erhalten[1]). Hier möge nur eine Betrachtung angedeutet werden, die zu den wichtigsten praktischen Folgerungen führt:

Wir haben gesehen, daß das normale Menschenleben mit einer passiven Periode beginnt und schließt, daß nur die mittlere aktiv ist. Es ergibt sich von selbst, daß eine möglichst starke Vertretung dieser mittleren Periode, also der erwerbenden Schicht, für das Volk wirtschaftlich günstig ist. Zu den erwerbenden Schichten rechnet man im allgemeinen die Altersstufen von 15—60 Jahren. Ein totgeborenes Kind ist wirtschaftlich ein reiner Minusposten; es entzieht den Eltern ein gewisses Quantum von Zeit, Arbeit, Geld. Das lebendgeborene Kind tritt mit einem Minus ins Leben. Seine Schulden wachsen durch Ernährung und Erziehung. Der wirtschaftliche Verlust ist also um so größer, in je höherem Alter während der passiven Periode das

[1]) Über diese Fragen habe ich ausführlicher im Patria-Jahrbuche der Hilfe für 1907 berichtet. Dort habe ich auf die Momente verwiesen, die maßgebend sind 1. für den Bevölkerungsstand: Menschenzahl, Bevölkerungsdichtigkeit, Altersaufbau, Verhältnis der Geschlechter, Stadt und Land, Berufsverteilung, Anteil der unehelichen Geburten, Arbeitsunfähige und Krüppel; 2. für die Bevölkerungsbewegung: Geburten, Tod, Wanderungen.

Kind stirbt. Es belastet sein Schuldkonto besonders stark, wenn seine Geburt den Tod oder eine längere Krankheit seiner Mutter zur Folge hat. Günstig ist es, wenn die aktive Periode bis zu ihrem Schlusse durchlebt wird, weil mit jedem Arbeitsjahre die Aktivseite des Lebenskontos wächst. Der Tod eines nicht mehr arbeitsfähigen Menschen ist für die Gesamtheit wirtschaftlich ein Vorteil. Der heute maßgebende Grundsatz, jedes einzelne Menschenleben so lange zu erhalten, als es irgend möglich ist, ohne Rücksicht darauf, ob es für die Menschheit noch irgendeinen Wert hat, ist volkswirtschaftlich zum mindesten ein Luxus. Die Arbeitsunfähigen, die Kranken, die nicht wieder gesund werden, sind tote Posten in der Bilanz, die nicht nur die Überschüsse ihrer eigenen oder fremder Arbeit verzehren, sondern die auch oft die Produktion wesentlich hindern und zu ihrer Pflege Kräfte benötigen, die viel wirtschaftlicher verwandt werden könnten.

Ein Durchdringen des Volkes mit diesen Gedanken kann für alle Leistungsunfähigen einen schweren Druck bedeuten. Schon heute empfinden es feinere Naturen als schmerzlich, wenn sie ihren Angehörigen eine zwecklose Last sind. Wenn der Staatsgedanke jeden einzelnen beherrscht, so wird man es vielleicht auch als unerträglich empfinden, der Gesamtheit zur Last zu fallen. Gegen das Schwergewicht einer solchen Vertiefung des sozialen Gedankens gibt es ein großes Gegengewicht: die soziale Versicherung. Was ist der Grundgedanke unserer Alters- und Invalidenversicherung anders, als daß von dem Arbeitsunfähigen das drückende Gefühl genommen wird, er lebe von der Gnade der anderen? Er soll ein Recht auf die Rente haben und das Bewußtsein, daß er nicht auf anderer Leute Kosten lebt, sondern daß die Rente ihm gezahlt wird aus dem, was er selber in gesunden Tagen erarbeitet hat. Er verzehrt in der Rente den Rest seines Verdienstes, den der Staat für ihn aufgespart hat. Das peinigende Gefühl, ein Schmarotzer der Gesellschaft zu sein, fällt weg — er hat das Recht zu leben. Deswegen ist die Ausdehnung der staatlichen Versicherung auf alle, die von der Hand in den Mund leben müssen, eine notwendige Folge unserer Anschauungen.

Der Mensch ist für die Gesellschaft das wert, was er ihr leistet.

10. Sterblichkeit und Volksreichtum.

In dem Aufsatz über den „wirtschaftlichen Wert des Menschenlebens" habe ich auf die Tatsache aufmerksam gemacht, daß jeder Mensch von der Geburt an die Kapitalisierung eines Teiles des Volksvermögens durch Aufwendung von Arbeit und Mitteln der Eltern bedeutet; daß der weitaus größte Teil des Volksvermögens in den 68 Millionen Gliedern des deutschen Volkes selbst angelegt ist; daß ein Reicher- oder Ärmerwerden des Volkes weniger von der Grundrente, von den Erträgnissen der Fabriken usw. abhängt als von der Verzinsung der 1000 Milliarden Mark, die uns die Aufzucht unserer Bevölkerung gekostet haben mag. Diese Verzinsung hängt davon ab, daß möglichst jeder einzelne zu höchster Leistungsfähigkeit gebracht und seine Arbeitskraft vollkommen ausgenutzt wird.

Für beides ist die Gestaltung der L e b e n s d a u e r die erste und wichtigste Grundlage. Denn jedes Kind, das stirbt, ehe es das arbeitsfähige Alter erreicht hat, oder auch ehe es durch seine volkswirtschaftlich nützliche Tätigkeit seine Erziehungskosten wieder eingebracht hat, geht als ein Schuldner seines Volkes von der Erde und macht dieses ärmer. Jeder Mensch, der vor der vollen Ausnutzung seiner Arbeitskraft hinscheidet, bedeutet einen

Verlust für die Volkswirtschaft, einen entgehenden Gewinn, denn er kann durch seine Tätigkeit das Volk nicht so bereichern, wie es bei längerem Leben möglich gewesen wäre.

In zweiter Linie steht natürlich die Frage, wie während der Dauer des Lebens die Arbeit recht ertragreich gemacht werden kann: Zunächst Erziehung in jungen Jahren, dann Organisation und Ausstattung der Arbeit, vor allem aber pflegsame Behandlung der Arbeitskraft, Schonung des arbeitenden Menschen. Kaufmännisch gesprochen hängt der Gesamteffekt nicht nur von der Höhe der Verzinsung sondern auch von ihrer Dauer ab, weil bei raschem Verbrauch der Kraft der Zinsertrag geschmälert oder ganz aufgezehrt wird durch die Amortisation der Lebenskosten.

Man hat unglaublicherweise noch im deutschen Reichstage von 1911 bei der Erörterung der Reichsversicherungsordnung die Kosten einer als sozial notwendig erkannten Maßregel zum Grunde ihrer Nichteinführung genommen. Man hält noch immer soziale Aufwendungen für Ausgaben, die man nur in bescheidenem Maße machen dürfe, aus Mitteln, die gewissermaßen der Volkswirtschaft entzogen werden können, die überflüssig sind. Wenn man einmal sich angewöhnen könnte, das Menschenleben wirtschaftlich zu betrachten, so würde man sehen, daß man gar nicht genug Kapital in die Verbesserungen der Lebensbedingungen stecken kann, daß keine Geldanlage sich rascher und höher verzinst. Dafür nur ein paar Beispiele:

Keine Mutter fragt, was die G e b u r t ihres Kindes kostet, ihr Glück geht darüber hinweg. Aber der Volkswirt darf diese Kosten nicht übersehen. Wenn die Mutter in der Fabrik oder im Kontore tätig ist (und die Erwerbsarbeit verheirateter Frauen nimmt außerordentlich zu), muß sie wochenlang ihre Arbeit aussetzen und verliert 50—100 Mark an Arbeitsverdienst. Auch der

Gatte versäumt vielleicht manches. Arzt, Apotheker und Hebamme können nicht umsonst helfen. Auch die erzwungene Arbeitsruhe der Hausfrau bedeutet volkswirtschaftlich einen Ausfall. Wenn in gutgestellten Familien auch die Kosten nicht gespürt werden, so sind sie trotzdem da. Wenn der Lohn fortgezahlt wird, wenn Krankenkasse oder Gewerkschaft für die Kosten aufkommen, so verschwinden sie nur aus dem einzelnen Haushalte, aber nicht aus der Volkswirtschaft; hier sind sie einfach an eine andere Stelle geschoben. Jede Geburt kostet der Volkswirtschaft eine Aufwendung, die man durchschnittlich vielleicht auf 100 bis 200 Mark ansetzen kann. Beim Mittelsatz von 150 Mark gibt das deutsche Volk bei 2 Millionen Geburten Jahr für Jahr 300 Millionen Mark für neues Leben aus.

Ein großer Teil der Kinder stirbt im ersten Lebensjahre, als Säuglinge. Wieder muß die Mutter ihre Berufsarbeit unterbrechen, wieder versäumt der Vater Arbeit und Lohn; wieder muß das Sparguthaben angegriffen werden, oder eine Versicherungskasse greift ein. Unterhalt und Begräbnis des Säuglings mögen durchschnittlich dasselbe kosten wie die Geburt. Die einzelnen Eltern fragen nicht darnach; ihr Schmerz geht darüber hinweg. Aber der Volkswirt darf nicht darüber hinweggehen. Denn wenn im Jahre 1912 fast 360 000 Säuglinge in Deutschland gestorben sind, so bedeutet das Begräbniskosten von 54 Millionen Mark. Die doppelte Summe, also über 100 Millionen Mark, wird jedes Jahr ganz nutzlos aufgewandt. Sie hat keinen anderen wirtschaftlichen Erfolg als einen Kindersarg.

Glücklicherweise geht die Säuglingssterblichkeit in Deutschland zurück. Sie beträgt gegenwärtig zwischen 15 und 19 auf je 100 lebendgeborene Kinder. Vor 5 Jahren betrug sie noch 20, vor reichlich einem Jahrzehnt 23, in den siebziger Jahren über 25 auf je 100 Geburten. Was bedeutet das volkswirtschaftlich? Wenn heute die Sterblichkeit noch so groß wäre wie vor 5 Jahren, so würde sie nicht 360 000 sondern 400 000 betragen, nach den Zahlen von 1870/80 sogar 500 000. Wir würden dann nicht, wie jetzt, reichlich 100 Millionen in die Säuglingsgräber werfen, sondern 120 Millionen oder 150 Millionen jährlich. Die Verminderung der Säuglingssterblichkeit seit 30 Jahren bedeutet also eine volkswirtschaftliche Ersparnis von 50 Millionen Mark in jedem Jahre (ganz abgesehen von den nicht wirtschaftlichen Wirkungen!). Man versuche doch einmal festzustellen, welche Summen von Reich, Staat, Gemeinde oder gemeinnützigen Körperschaften und Privatpersonen für die Bekämpfung der Säuglingssterblichkeit ausgegeben sind und frage dann, ob man dieses Geld nützlicher hätte anwenden können, ob es rein kaufmännisch eine Anlage gab, wo es mehr als 50 Millionen jährlich Zinsen brachte.

Aber die gleiche Summe können wir noch einmal verdienen, denn die Säuglingssterblichkeit ist noch immer groß in unserem Vaterlande. Andere Staaten stehen viel besser da. Unserer Ziffer 15—19 stellt Frankreich 14, England und Holland 12, Dänemark und die Schweiz 11, Schweden 8 und Norwegen gar weniger als 7 entgegen. Können wir nicht dasselbe erreichen, was diese Völker haben? und kann eine Aufwendung zu hoch sein für den Lebenserfolg und den wirtschaftlichen Erfolg? Denn wenn wir zu englichen Zuständen kämen, so würden nicht mehr 360 000 Säuglinge sterben, sondern nur 240 000 und statt 108 Millionen brauchten wir nur 72 Millionen zu vergeuden. Nach norwegischem Vorbild würden nur 140 000 Kinder sterben und die Aufwendungen ermäßigten sich auf 50 Millionen Mark. Also weitere 50 Millionen jährlich können verdient werden durch eine rationelle Säuglingspflege.

Das gleiche gilt in kleinerem Maße von den Totgeburten. Auch sie sind physisch und wirtschaftlich zwecklose Aufwendungen. Auch hier ein erfreulicher, wenn auch nicht überwältigender Fortschritt. Vor einem Menschenalter kamen auf 100 Geburten 4 Totgeburten, jetzt nur noch 3. Dieses eine Prozent weniger bedeutet eine Ersparnis von jährlich 4 Millionen Mark. Es ist sicher zum großen Teil auf unsere soziale Gesetzgebung mit der Arbeitsbeschränkung für Schwangere zurückzuführen. Will wirklich jemand behaupten, durch den Ausfall ihrer gewerblichen Tätigkeit verliere die Volkswirtschaft mehr als sie an den Kindern gewinnt? Dann möge er auch die körperlichen Schädigungen der Mütter selbst einmal wirtschaftlich werten.

Denn zu ganz anderen Zahlen kommen wir, wenn wir die Rechnung auf die höheren Lebensalter ausdehnen. Die beste Grundlage dafür bieten uns die Sterblichkeitstafeln des Deutschen Reiches, die alle 10 Jahre nach den gesamten Ergebnissen der Bevölkerungsbewegung berechnet werden. Ein Vergleich der Durchschnittszahlen von 1871/80 gegen die von 1891/1900 zeigt eine erfreuliche Zunahme der Lebensdauer in allen Stufen, namentlich aber eine starke Abnahme der Kindersterblichkeit. Nicht nur die Säuglingssterblichkeit ist ja eine nutzlose Belastung der Volksbilanz, sondern erst recht jeder Tod eines älteren Kindes. Denn mit jedem Jahre wächst die Höhe der Aufwendung, die erfolglos mit ins Grab genommen wird. Rechnen wir die ersten 15 Lebensjahre als unproduktiv und schätzen mit dem Berliner Statistiker Engels die durchschnittlichen Kosten des Menschen auf 500 Mark jährlich, so ergibt sich folgende Rechnung: Von je 100 000 Lebendgeborenen waren nach der ersten Sterbetafel nach 15 Jahren 39 100 Kinder mit zusammen 88 600 Lebensjahren gestorben, nach der neuen Tafel nur noch

33 500 Kinder mit 69 700 Lebensjahren. Auf die rund 2 Millionen Geburten jährlich erweitert, bedeutet es, daß am Schlusse des Jahrhunderts jährlich 122 000 Kinder mit 380 000 Lebensjahren weniger vorzeitig zugrunde gingen, als kurz nach der Reichsgründung. Es werden also jetzt 190 Millionen Mark weniger in Kindergräber geworfen als damals. In den zwei Jahrzehnten, die zwischen beiden Berechnungen liegen, sind also gegen 4 Milliarden Mark erspart worden. Die neueste Tafel von 1901—1910 zeigt ähnliche Fortschritte, so daß wir als sicher annehmen dürfen: durch die Bekämpfung der Kindersterblichkeit ist seit der Reichsgründung das deutsche Volk um mindestens 6, vielleicht 8 Milliarden Mark reicher geworden, als es sonst wäre. Wenn man diese Summe in Vergleich setzt zu den Aufwendungen, so wird man wieder eine erstaunlich hohe Rentabilität sozialer Kapitalanlagen finden; nur natürlich volkswirtschaftliche Rentabilität, nicht privatwirtschaftliche!

Diese Verbesserung der Kindersterblichkeit ist der Hauptgrund für die Zunahme der Lebensdauer überhaupt. Nach der Sterbetafel der siebziger Jahre betrug die mittlere Lebensdauer für die Männer 35½, für die Frauen 38½; nach der Tafel der neunziger Jahre aber für Männer 40½ und für Frauen 44 Jahre und nach der neuesten Tafel fast 45 Jahre für Männer, 48⅓ für Frauen. In 30 Jahren hat also die mittlere Lebensdauer des deutschen Volkes sich um 9½ Jahre für Männer, um fast 10 Jahre für Frauen gehoben. Die 2 Millionen Kinder, die jährlich geboren werden, hatten nach der ersten Zahl etwa 75 Millionen Jahre zu durchleben, nach der letzten aber 95 Millionen Jahre. Das bedeutet zunächst, daß die 300 Millionen Mark Geburtskosten sich besser bezahlt machen und daß sie langsamer amortisiert werden können.

Es bedeutet aber vor allem auch, daß der volkswirtschaftliche Ertrag der Leben ein ganz anderer geworden ist. Um sich das ganz klar zu machen, muß man den Vergleich auf die durchschnittlich als produktiv angesehene Zeit, vom 15. bis zum 60. Lebensjahre, beschränken. Das wünschenswerte Ideal ist, daß von den 15jährigen niemand vor dem 60. Lebensjahre stirbt, daß also jeder 45 Jahre in dieser produktiven Zeit verlebt. Da aber der Tod eine große Anzahl von Personen in dieser Zeitspanne hinrafft, so ist die Zahl der Jahre, die der einzelne durchschnittlich in ihr verlebt, geringer. Sie betrug nach der Absterbeordnung der siebziger Jahre 36,2 Jahre, nach der der neunziger Jahre aber fast 38 Jahre für Männer. Für Frauen ist sie reichlich 1/2 Jahr höher. Die mittlere Lebensdauer der 15jährigen ist also in zwei Jahrzehnten um 1 3/4 Jahre gewachsen. Das bedeutet für jede Generation einen Gewinn von rund 2 Millionen Lebensjahren. Nach den Ergebnissen der neuesten Sterbetafel dürfte dieser sich auf 3 Millionen Jahre erhöhen. Wirtschaftlich heißt das nicht nur, daß die Amortisation der Lebenskosten sich entsprechend verlangsamen kann, sondern auch daß mehr Zeit auf eine gute Vorbildung verwandt werden kann und daß eine ungeheuere Summe von Arbeit geleistet wird, die früher durch den Tod verkürzt wurde. 3 Millionen Lebensjahre bedeuten bei 300 achtstündigen Arbeitstagen eine Summe von 7 Milliarden Arbeitsstunden! Kann es eine gewaltigere Vermehrung des Volksreichtums geben?

Allerdings gilt die Zahl nur mit einer Einschränkung. Sie besagt nur, daß jede Generation so viel länger *lebt*, nicht daß sie länger *arbeitet*. Und das ist die Kehrseite unserer so erfreulichen Entwickelung. Die Lebensdauer steigt, aber fraglich ist, ob im ganzen die Aktivität dieser Leben (mit Ausnahme der

Kindersterblichkeit) in ähnlicher Weise steigt. Denn die Anspannung und Inanspruchnahme der Arbeitskräfte wächst gewaltig und der Verbrauch der Arbeitskräfte kann leicht alles aufzehren, was an Erhaltung der Lebenskräfte erreicht ist. Im Kohlenrevier an der Ruhr ist festgestellt, daß das Durchschnittsalter der Invalidität bedenklich sinkt. Vor längerer Zeit war es 43 Lebensjahre, jetzt ist es 41 Jahre. Was nützt uns rein wirtschaftlich eine Verlängerung des Lebens, wenn sie mit einer Verkürzung der Arbeitsdauer verbunden ist? Sie nützt nicht nur nichts, sondern ist rein wirtschaftlich eine Verschlechterung der Volksbilanz, denn die dauernd Arbeitsunfähigen sind ein toter Posten. Deswegen müssen jetzt umfassende Untersuchungen über die Dauer der Arbeitsfähigkeit einsetzen und ebenso umfassende soziale Maßnahmen gegen Raubbau an der Arbeitskraft im Gefolge haben. Denn die angedeuteten Zahlen zeigen wohl zur Genüge, daß es sich dabei nicht um ethische oder religiöse Gesichtspunkte, nicht um Mitleid und Nächstenliebe, sondern um ganz nüchterne wirtschaftliche Erwägungen und um dringendste staatliche Notwendigkeiten handelt. Ein Volk kann sich nicht rascher und sicherer bereichern als durch eine gute Sozialpolitik, durch eine wahre Menschenökonomie!

IV. Soziales.

11. Das Wesen der Sozialpolitik.

Um die segensreiche Bedeutung sozialer Politik im engeren Sinne, d. h. der Arbeiter- und Angestelltenpolitik, für die Wettbewerbsfähigkeit der deutschen Wirtschaft und für die Schlagfähigkeit des deutschen Heeres zu würdigen, ist weiter nichts nötig als eine richtige Erkenntnis dessen, was mit Schutz- und Versicherungsgesetzen im Grunde bezweckt und erreicht wird. Und da gerade hierin falsche Auffassungen noch ungemein verbreitet sind, sei es gestattet, noch einmal kurz zusammenzufassen, was ich seit einem Jahrzehnt unzählige Male vertreten habe [1]).

Sozialpolitik ist **nicht**, wie vielfach noch heute schlagwortartig behauptet wird, eine Staatsfürsorge für die Bürger, sondern umgekehrt ein staatlicher **Zwang** auf die Bürger, für sich **selbst** zu sorgen, damit die Staatsfürsorge nicht einzutreten braucht. Sie ist nicht eine Belastung des Wirtschaftslebens und damit eine Verteuerung der Warenerzeugung, sondern im allgemeinen und auf die Dauer eine Verbilligung, eine **Entlastung**.

Denn die Versicherungsgesetze bestimmen gar nicht, daß die Arbeiter aus allgemeinen Staatsmitteln Renten beziehen werden,

---

[1]) Näheres in „Probleme des Arbeitsrechtes" (Jena 1912), „Soziale Rechte und Pflichten" (Jena 1911), „Drei Kapitel aus dem deutschen Arbeitsrechte" (Stuttgart 1914).

sondern sie stellen diese Renten bereit aus dem eigenen Arbeitsverdienste der Versicherten. Sie sind ein Sparzwang für alle diejenigen, die durch abhängige Arbeit ihren Unterhalt erwerben. Diese müssen einen Teil des Arbeitslohnes zurücklegen (als Versicherungsbeiträge) und erhalten ihn (als Rente) erst dann zurück, wenn sie arbeitsunfähig sind und ohne diese Einrichtung dem Elend und der Armenpflege (das ist Staatsfürsorge) zufallen müßten. Auch der Beitragsanteil der Arbeitgeber wird aus dem Arbeitserträgnis des Versicherten bezahlt. Selbst wenn man ihn als einen Beitrag des Arbeitgebers betrachten will, ist er kein Almosen, sondern nur die Folge einer richtigen Würdigung des Menschen als Wirtschaftsgut. Jeder Kaufmann muß von seinen Gebäuden und Einrichtungen nach dem Maße der Abnutzung abschreiben. Auch der arbeitende Mensch nutzt sich ab; in den 2 bis 3 Jahrzehnten, in denen er voll arbeitsfähig ist, müssen seine Lebenskosten (Aufzucht, Ausbildung, Unterhalt im Alter, Kinder) mit abgeschrieben werden. Man kann also den Arbeitgeberbeitrag in der sozialen Versicherung als eine bescheidene Amortisation auf menschliche Arbeitskraft auffassen, sicher aber nicht als Geschenk der Unternehmungen an die Arbeiter. Diese Lebenskosten müssen auf jeden Fall aufgebracht, die Kranken, Alten und Invaliden auf jeden Fall unterhalten werden. Die soziale Versicherung bringt also gar keine neuen Lasten, sondern schiebt nur die vorhandenen anderen Trägern zu. Während bisher Familie, Wohlfahrtsvereine und Armenpflege für die Erwerbslosen sorgen mußten, wird diese Sorge jetzt den Arbeitenden selbst auferlegt und denen, die aus ihrer Arbeit Gewinn ziehen. Und man wartet nicht, bis die Not eintritt, sondern sammelt das Kapital, aus dem die Renten gezahlt werden sollen, schon rechtzeitig in den Tagen der Arbeitsfähigkeit. Also nur eine gerech-

5*

tere Verteilung der Last und eine zweckmäßigere Art der Aufbringung. Beides ist wirtschaftlich günstig. Und wenn auch für die Unternehmungen eine Belastung eintritt, indem ihnen Pflichten auferlegt werden, die früher andere für sie getragen haben, so bedeutet für die gesamte Volkswirtschaft diese zweckmäßige Aufbringung der Lebenskosten unbedingt eine Entlastung.

Ähnlich sind Arbeiterschutzgesetze zu beurteilen. Sie werden nicht erlassen, damit weniger, sondern damit **mehr** gearbeitet wird. Das Verbot der Sonntagsarbeit ist als wirtschaftlich rationell erwiesen: der Mensch, der sechs Tage arbeitet und am siebenten ruht, schafft im Laufe der Jahrzehnte mehr als ein ohne Ruhetag arbeitender, weil er ihm sehr bald an Kraft und Leistungsfähigkeit überlegen ist. Die Kinderarbeit wird hauptsächlich deswegen beschränkt, weil verhindert werden soll, daß der jugendliche Organismus vorzeitig verdorben wird und verkümmert; die Kinder sollen erst an Leib und Seele auswachsen, sollen etwas lernen, um später längere Zeit mehr und besseres leisten zu können. Die Beschränkung der gewerblichen Frauenarbeit will vor allem die Mütter gesund und kräftig genug erhalten, daß sie uns einen zahlreichen, gesunden und kräftigen Nachwuchs schenken können. Sie sollen nicht ihrer heiligsten, schönsten und wertvollsten Aufgabe dadurch entzogen werden, daß sie in der Tretmühle der Fabrik einzelnen Bürgern Pfennige verdienen helfen. Der Grundzweck einer verständigen Arbeiterschutzgesetzgebung ist die **Verhinderung eines Raubbaues an menschlicher Gesundheit und Arbeitskraft.** Unsere heutige Wirtschaftsordnung, die auf Privateigentum und Vertragsfreiheit gegründet ist, bedeutet eine sehr starke Verlockung an den wirtschaftlich Mächtigen, seine Mitbürger in falscher Weise für sich arbeiten zu lassen, durch rücksichtslose Ausnutzung ihrer

Arbeitskraft sich hohe Gewinne zu verschaffen und dann durch ordnungsmäßige Kündigung den Invaliden der Gesamtheit zur Versorgung zu übergeben. Die Schutzgesetzgebung ist ein Protest gegen solches Verfahren. Sie will die Arbeitgeber zwingen, die Arbeitskraft der anderen in einer vom Standpunkt der Gesamtheit rationellen Weise auszunutzen, d. h. so, daß die Gesamtheit aller Bürger möglichst lange leistungsfähig bleibt und ihre Tätigkeit möglichst hohen Ertrag liefert. Das Gesetz der Wirtschaftlichkeit, das alle unsere Technik beherrscht, wird übertragen auf die Verwertung des Menschen — das ist der tiefste Sinn sozialer Politik. Und es versteht sich wohl von selbst, daß auf die Dauer und im ganzen ein Volk durch solche Politik leistungsfähiger, wettbewerbsfähiger werden muß.

12. Soziales Arbeitsrecht.

Drei Dinge hat der Krieg gelehrt, welche die Grundlagen sozialen Arbeitsrechtes bilden; unwiderleglich gelehrt: den ungeheuren Wert des Menschenkapitals, die Bedeutung einer richtigen Vermögensverteilung und die Notwendigkeit einer rechtzeitigen, planvollen Vorbereitung.

Wie hätte Deutschland den Kampf gegen so viele starke Feinde wagen können, wenn nicht seine Bevölkerung seit der Reichsgründung sich fast verdoppelt hätte! Wie könnte es acht Millionen Krieger ins Feld senden, wenn nicht trotz wachsender Industrialisierung und Zusammenballung in Großstädten, trotz Maschine und Großbetrieb, Arbeitsteilung und Arbeitsintensität die Masse des Volkes gesund an Leib und Seele geblieben wäre! Drei Viertel des Volkes und mehr als drei Viertel des Heeres bestehen aus Arbeitnehmern, Männern, die aus der Abhängigkeit eines Dienstverhältnisses Unterhalt und Beschäftigung gewinnen, die mit ihren Familien vom Lohne leben: Arbeiter, Angestellte, Beamte. Ihre Gesundheit, ihre Dienstfähigkeit und Ausdauer hängt wesentlich mit ab von den Bedingungen, unter denen sie im Frieden gearbeitet haben. Und da sie aus eigener Wirtschaftskraft großenteils nicht imstande waren, die zur richtigen Ausnutzung ihrer Arbeitskraft, zur dauernden Erhaltung ihrer Gesundheit und Leistungsfähigkeit erforderlichen Arbeitsbedingungen durchzusetzen, so mußte soziales Arbeitsrecht ihnen helfen. Daß Sozialpolitik unter dem Gesichtspunkte einer Menschenökonomie nicht Liebesgabe für die Bedrückten, sondern Staatsnotwendigkeit ist, das dürfte nun auch dem Verstocktesten klar geworden sein. Und wie Graf Posadowsky einst im Reichstage sagen durfte, daß ohne die Arbeiterschutz- und -Versicherungsgesetze die deutsche Industrie nicht ihre Stellung auf dem Weltmarkte erlangt und behauptet hätte, so können wir mit gleichem Rechte sagen, daß ohne diese volksökonomische Sozialpolitik das deutsche Heer nicht den Sieg erringen könnte. Denn in den furchtbaren Strapazen der wochenlangen Schlachten, der unaufhörlichen Biwaks und Schützengräben siegt die größere Widerstandsfähigkeit von Körper und Geist gegen Wetter und Gefahr, Mangel und Aufregung. Wenn einmal die Geschichte dieses Weltkrieges geschrieben wird, soll man unter den Faktoren des Sieges nicht die kaiserlichen Botschaften von 1881 und 1890 vergessen, mit denen die „Barbaren" die Führung zu sozialen Fortschritten übernahmen.

Seit Montecuculi ist unzähligemal das Wort wiederholt worden, daß zum Kriegführen Geld, Geld und nochmals Geld gehöre. Trotzdem an Stelle der Söldnerscharen Volksheere getreten sind (mit Ausnahme des völkerbefreienden England, das noch immer die „Kultur" mit Mietlingen weißer, gelber und brauner Hautfarbe rettet), hat das Wort nichts von seiner Bedeutung verloren. Wir wußten, daß Deutschland nicht nur reich an Menschen, an Soldaten, sondern auch reich an Geld, an allen zum Kriege notwendigen Gütern war. Und vor einem Versagen der Mittel hat wohl niemandem gebangt. Die schwierigste Aufgabe, von der die Dauer des Widerstandes abhing, war nicht die Beschaffung der zur Unterhaltung von Heer und Volk nötigen Gütermengen, sondern ihre Verteilung. Die Hoffnung Englands, das deutsche Wirtschaftsleben zu zerrütten, Deutschland auszuhungern, gründete sich weniger auf die Erzeugung eines absoluten als eines relativen Mangels. Die ärmeren Volksschichten sollen außerstande sein, sich zu ernähren, ihre Not soll Unruhe und Sorge im ganzen Lande hervorrufen, soll den Siegerwillen des Heeres brechen, soll die Regierung mürbe machen. Die Spekulation ist an sich nicht unrichtig, denn die Massen eines Siebzig-Millionen-Volkes können nicht mit Liebesgaben und Armenpflege erhalten werden, wenn nicht Arbeitsgelegenheit und Rechtseinrichtungen ihnen Unterhalt ohne niederdrückendes Gefühl verschaffen. Daraus erhellt die ungeheure Bedeutung nicht nur einer Fortführung des Wirtschaftsbetriebes, sondern auch eines Lohnes, der den arbeitenden Massen die Möglichkeit zu Ersparnissen gibt, staatlicher Einrichtungen, die solche Ersparnisse erzwingen und einen Rechtsanspruch auf Bezüge auch während einer Unterbrechung der Arbeitstätigkeit gewähren (soziale Versicherung). Zum Ruhme des deutschen Unternehmertumes ist zu betonen, daß die überwiegende Mehrheit ihr möglichstes getan hat, den Betrieb mit möglichst geringen Einschränkungen fortzuführen, den weiter Beschäftigten möglichst ihren bisherigen Lohn zu zahlen und auch den zum Felde Einberufenen einen Teil ihrer Bezüge fortzugewähren. Das war nicht nur ein

Ausfluß guten Herzens und sozialen Pflichtgefühles, sondern auch richtiger volkswirtschaftlicher Einsicht. Denn eine rücksichtslose Einstellung der Betriebe, Entlassung der Arbeiter und Angestellten hätte den Unternehmern die Grundlage künftiger Gewinne entzogen, weil sie die Siegesaussicht unseres Heeres gemindert hätte. Der Lohn des verständigen Vorgehens hat sich schon in der auffallenden Beruhigung und Belebung unserer Wirtschaft gezeigt. Niemand merkt dem deutschen Lande an, daß draußen um seinen Bestand gerungen wird. Und solange die deutsche Volkswirtschaft in gesicherten Bahnen läuft, solange ist Deutschland unüberwindlich, weil es unerschöpflich an Hilfsmitteln aller Art ist.

Aber gilt das nur von Kriegszeiten? Müssen wir diese große Lehre nicht auch beherzigen für den hoffentlich dauernden Friedenszustand, der dem Siege folgt? Wenn es noch eines Beweises bedürfte, daß für ein Volk von „Lohnarbeitern", wie es das deutsche ist und immer stärker wird, die Frage der Arbeitsbeschaffung, der Arbeitsbedingungen und des Unterhaltes bei Arbeitsunterbrechung *keine Privat*angelegenheit der Beteiligten, sondern zugleich eine der wichtigsten *nationalen* Aufgaben ist, dann ist dieser Beweis wohl durch die letzten Monate erbracht worden. Zugleich ist uns aber auch vor Augen geführt worden, wie bedeutsam eine planmäßige Vorbereitung in allen großen Massenfragen ist. Daß unsere militärische Mobilmachung tadellos klappen würde, war eine allgemeine Überzeugung. Auch die finanzielle Mobilmachung, die bis vor wenigen Jahren noch manchen Volkswirt mit Sorge erfüllte, ist über Erwarten glänzend gelungen. Alles andere war viel weniger vorbereitet und wurde erst nach dem Kriegsausbruch, dann allerdings mit viel Tatkraft und Geschick, organisiert. Das einmütige Zusammenwirken aller politischen und sozialen Parteien, das schnelle und siegreiche Vordringen unserer Heere, die vernünftige und zuversichtliche Ruhe der meisten Beteiligten haben uns eine Ordnung erlaubt, die der in den meisten anderen Staaten überlegen ist. Aber wie viel schneller, leichter und besser wäre es gegangen, wenn auch hier die „Mobilmachungspläne" fertig vorgelegen hätten; wenn ein planvolles Zusammenwirken aller Arbeitsnachweise und aller Unterstützungseinrichtungen, aller Behörden mit den Verbänden der Unternehmer, Angestellten und Arbeiter von vornherein sichergestellt wäre; wenn alle diejenigen, die sich gegen eine staatliche Stellenlosenversicherung wehrten, ihr möglichstes getan hätten, um sie durch umfassende Regelung des Arbeitsmarktes und Schaffung großer, leistungsfähiger Berufsvereine überflüssig zu machen! —

In allen diesen Fragen muß der Krieg Lehrmeister des Friedens sein. Er kann es um so eher, als er uns gezeigt hat, wie leicht eine soziale Regelung sein kann, wenn von beiden Seiten Verständnis und guter Wille entgegenkommen. Trotz der Besonderheit der Zeit ist es merkwürdig, wie wenig Aufhebens von Maßregeln gemacht wird, die noch vor wenigen Monaten als unerhörter Eingriff in die „Freiheit des Wirtschaftslebens", in das „geheiligte Privateigentum" und damit in die „Grundlagen von Staat und Gesellschaft" beschrien worden wären. Denn die behördliche Regelung geht teilweise recht weit; und sie trägt dazu noch vorwiegend diktatorischen Charakter. Gewiß ist ihre letzte Grundlage das Gesetz. Aber das Gesetz über den Kriegszustand besagt doch schließlich nur, unter welchen Umständen und in welchem Umfange die ordenlichen Rechtszustände durch die Militärvollmacht außer Kraft gesetzt werden. Und die Kriegsnotgesetze vom 4. August regeln nur einzelne Fragen, und nicht einmal die wichtigsten, während sie im übrigen dem Bundesrate die unbeschränkte Befugnis zu wirtschaftlichen Maßnahmen einräumen. Und für diese Blankettvollmacht, für diese Ausschaltung der Volksvertretung von der Gesetzgebung haben einmütig auch die Liberalen und Demokraten gestimmt. Wäre ein solcher Beschluß unbedingten Vertrauens möglich, wenn nicht im Grunde der Glaube allgemein wäre, daß die Reichsregierung das Gemeinwohl ehrlich erstrebt, und daß in Zeiten der Not alle privaten Rücksichten und Einzelinteressen vor diesem Gemeinwohle weichen müssen? — Aber nur in Zeiten höchster Not? Sollten wir aus ihr nicht die dauernde Erkenntnis retten, daß die staatliche Organisation *nur* dem Gemeinwohle dienen darf, und daß dieses: *die höchste Leistung aller und das höchste Glück aller*, stets allen Sonderwünschen einzelner vorzugehen hat?

Zu den weitgehenden Befugnissen, die der bürgerlichen und der Heeresverwaltung kraft Gesetzes zuerkannt sind, tritt die hohe wirtschaftliche Macht, die beide als große Kunden besitzen. Auch sie ist von den Volksvertretungen des Reiches und der Einzelstaaten aufs höchste gesteigert worden durch die Riesenkredite, die den Regierungen widerspruchslos bewilligt wurden. Und von der Machtfülle, die aus der Vereinigung beider erwächst, ist teilweise mit erfrischender Rücksichtslosigkeit Gebrauch gemacht worden.

Was bei allen Vorgängen besonders erfreulich berührt, ist das völlige Fehlen von Vorurteilen und Gegensätzen, die bisher unser gesamtes öffentliches Leben und auch die Sozialpolitik erschwert, wenn nicht vergiftet oder vereitelt haben. Das Wort des Kaisers im Reichstage, daß alle Parteiunterschiede erloschen seien, ist zur allgemeinen Wahrheit geworden. Die gemeinsame Gefahr, das gemeinsame Ziel haben die politischen, konfessionellen und sozialen Gegensätze überbrückt. In den Schützengräben, unter dem Donner der Geschütze, bei Märschen und Kämpfen, wie nichtig und klein muß da erscheinen, was die Menschen daheim zu großen Streitsachen aufgebauscht hatten! Da gibt es nur noch eins: treue Kameradschaft, hilfsbereite Brüderlichkeit. Und noch eins: militärische Disziplin. Auch sie darf als ein Faktor künftiger Sozialpolitik hoch in Rechnung gesetzt werden. Wenn auch im Friedensheere die gesellschaftliche Schichtung des Volkes sich widerspiegelt, so hört das im Kriege auf, wenn gediente und ungediente Männer bis zu 45 Jahren einberufen werden, wenn zehntausende von Söhnen der Oberschicht als Freiwillige zu den Fahnen eilen. Da gilt nicht Stand noch Vermögen, da gilt allein die militärische Dienststellung. Und tausendfach mag es vorkommen, daß ein Unternehmer vor seinem Meister stramm steht, ein Student von dem Kutscher des Vaters ausgebildet wird. Und deutsche Disziplin mit deutschem Ordnungsgefühl erreichen (was kaum ein anderes Volk uns so nachmachen dürfte), daß tatsächlich alles andere versinkt vor dem Militärischen.

Das ist eine höchst wertvolle Schule: das Umkehren der Befehlsgewalt, wie die Kameradschaft vor dem Feinde, wie auch das Zusammenrücken der Daheimgebliebenen. Sollte es nicht möglich sein, dieses Gefühl der vaterländischen Einheit und Gemeinsamkeit dauernd zu erhalten? Es wäre der schönste Gewinn, den uns ein Sieg bringen könnte. Gewiß, im Frieden wird der Gegensatz der Parteien wieder aufleben, Überzeugungen und Interessen werden aufeinandertreffen — so soll es auch sein, denn nur aus dem Streite ringt sich der Fortschritt los. Aber welch unendlicher Gewinn, wenn nur Überzeugungen sich sachlich mäßen, und wenn alle Einzelinteressen sich bewußt wären, daß sie vor dem Gemeinwohle zu weichen haben! Wie leicht wäre eine Fülle von Verbesserungen unseres Arbeitsrechtes zu vollenden, wenn sie von allen Beteiligten ruhig, rein sachlich geprüft und unter den Gesichtspunkt der sozialen Notwendigkeit gestellt würden. Was in Deutschland auf dem Wege der Gesetzgebung erstrebt wird, ist nur zu einem Teile eine Mehrleistung der Unternehmer. Daß auch sie (wie eine gute soziale Versicherung) nicht zu einer Belastung der Gesamtwirtschaft, sondern zu einer rationelleren Wirtschaft, also zu einer Entlastung führt, ist oft genug nachgewiesen. Aber vielfach handelt es sich nur um eine Beschränkung der Unternehmerwillkür, um ein Mitbestimmungsrecht der Arbeitnehmer bei der Grundlegung der Arbeitsbedingungen, um die Anerkennung der Gleichberechtigung beider Parteien im Arbeitsvertrage. Sollte nicht die Erinnerung an gemeinsam verlebte Not und Siege, sollte nicht das Eisenkreuz auf der Brust zahlloser Angestellter und Arbeiter eine Verständigung darüber erleichtern?

Nicht unbeachtet sollte bleiben, daß die schärfsten Eingriffe in das Wirtschaftsleben zugunsten der Arbeitnehmer jetzt von der Heeresverwaltung erfolgt sind. Das erinnert an den General von Horn, der vor beinahe hundert Jahren am Rheine kommandierte und dem Könige von Preußen berichtete, sein Bezirk werde bald nicht mehr die vorgeschriebene Rekrutenzahl aufbringen, weil die junge, rasch wachsende Industrie dort mit überlanger Arbeitszeit bei unzureichenden Löhnen, mit Frauen- und Kinderarbeit, mit Nachtdienst und schlechten Räumen das heranwachsende Geschlecht ruinierte. Dieser Bericht gab den Anstoß zur preußischen Arbeiterschutz-Gesetzgebung. Um der Wehrfähigkeit des Volkes willen ist sie eingeführt worden. Und wenn jetzt wieder Heeresbehörden verständig und energisch Sozialpolitik treiben, so muß das als besondere Gewähr dafür gelten, daß nicht

„sentimentale Theorie", sondern Notwendigkeit leitet, daß es sich nicht um „Liebesgaben" handelt, sondern um Forderungen des Staatsinteresses, des Gemeinwohles.

Dieses Gesamtinteresse auch im Frieden wachzuhalten, ist eine Notwendigkeit. Es gilt, den großen Grundsatz der Ökonomie: mit geringstem Aufwande den höchsten Erfolg zu erzielen, vom Privatwirtschaftlichen auf das Sozialwirtschaftliche zu übertragen. An die Stelle des noch vorwiegenden „Vermögensrechtes", das dem einzelnen erlaubt, Gewinn aus dem Raubbau am Mitmenschen zu ziehen, muß das „Menschenrecht" treten, das von der Erkenntnis ausgeht: der Reichtum eines Volkes liegt in seinen Bürgern; nur um dieser Bürger willen ist der Staat vorhanden; oberste Aufgabe der Verwaltung ist die Menschenökonomie; wichtigstes Ziel des Arbeitsrechtes ist, die „rationelle" Ausnutzung der Arbeitskraft von zwanzig Millionen zu sichern, das heißt eine solche, die auf lange Dauer den höchsten Erfolg für die Gesamtheit sichert und den abhängigen Millionen selbst eine möglichst volle Teilnahme an unserer Kultur gestattet.

13. Die Zukunft unserer Sozialpolitik.

Das neue Reich, das mit so viel größeren Opfern behauptet wird, als das von 1870 begründet wurde, muß in so viel höherem Maße als dieses ein sozialer Volksstaat werden. Der nationale und soziale Sinn, der gegenwärtig in allen Schichten lebendig ist, muß sich erhalten und auch künftig, für die Dauer eine unbedingte Vorherrschaft der Gesamtinteressen vor den Einzelinteressen, der Staatsnotwendigkeit vor den Wünschen einzelner Schichten als selbstverständlich erscheinen lassen.

Man mag im neuen Deutschland weiter über die beste Regierungsform streiten; aber darüber sollte nicht gestritten werden, daß die Erhaltung von Leben, Gesundheit und Arbeitskraft der 70 Millionen jetzt, der vielleicht 80 Millionen in naher Zukunft, die Schaffung günstiger Lebens- und Arbeitsbedingungen für das heranwachsende Geschlecht die allerwichtigste Staatsaufgabe ist. Sie ist zum weitaus größten Teil begriffen in einer sozialen Regelung des Arbeitsverhältnisses; denn auf ihm beruht das Dasein von drei Vierteln unserer Bürger und wird voraussichtlich in 10 Jahren ein noch größerer Teil unserer Volkswirtschaft und unseres Volksdaseins beruhen. Man soll auch nicht vergessen, daß die Wunden, die der Krieg schlägt, in jedem Falle ungeheuer viel tiefer sind als die von 1864 bis 1871. Denn die damaligen Kriege waren rasche Siegeszüge, deren Verluste nicht sehr merkbar und durch Geburtenüberschuß schnell ausgeglichen waren. Der gegenwärtige Krieg wird nicht nur von Aktiven und Landwehr wie der vorige durchgeführt, sondern der Landsturm steht mit unter den Waffen; die Zahl der Soldaten im Verhältnis zur Gesamtbevölkerung ist jetzt schon mehrfach so groß, und sie kann, wenn die Sache bis zur Erschöpfung der Gegenseite durchgefochten werden muß, aufs Vielfache der Zahl von 1870 steigen. Wenn auch die Verluste durch Verwundungen im Verhältnis nicht höher werden als damals, wenn die Wiederherstellung der Verwundeten, die Heilungen von Erkrankungen infolge der ärztlichen Fortschritte wesentlich leichter sind, so darf doch nicht übersehen werden, welchen furchtbaren Anstrengungen unsere Truppen in den monatelangen Stellungskämpfen ausgesetzt sind. Es wäre töricht, die Augen vor der Möglichkeit zu verschließen, daß Hunderttausende, die siegend heimkehren, sehr bald ihren bisherigen Platz im Wirtschaftsleben nicht mehr ausfüllen können. Wir werden in unserer Arbeitskraft einen großen, auf längere Dauer spürbaren Verlust haben. Die Lücken werden fast ausschließlich in den Jahrgängen entstehen (zwischen 18 und 45), die den Höhepunkt der Arbeitskraft bedeuten. Sie werden um so fühlbarer sein, wenn (wie wir erwarten) der siegreiche Ausgang uns einen bedeutenden Aufschwung aller Gewerbe bringt. Wir haben also allen Grund, mit dem Menschenmaterial, das uns verbleibt, recht ökonomisch zu wirtschaften, d. h. nicht dem Einzelnen zu gestatten, nach Belieben Gebrauch von der eigenen Arbeitskraft zu machen oder nach Belieben aus dem Raubbau an der Arbeitskraft des Nachbarn Gewinn zu ziehen, sondern die Arbeitsbedingungen unter volkswirtschaftlichen Gesichtspunkten so zu regeln, daß die Gesamtheit aller Arbeitenden auf die Dauer den höchsten Gesamtertrag bringt. Denn auch der glänzendste Sieg mit dem höchsten Kriegskostenbetrage kann uns nur die aufgewandten Wirtschaftsgüter, niemals die verlorenen Menschen und ihre Kräfte ersetzen.

Wir können um so eher allen Einzelwirtschaften eine weitgehende Rücksicht auf die Staatsinteressen zumuten, als voraussichtlich eine Zeit glänzenden Erwerbs für alle Wirtschaftszweige anheben wird. Der Goldstrom aus den Kriegskosten dürfte wie 1871 den Anstoß geben; und es ist nur zu hoffen, daß wir nicht in eine so üble Schwindelperiode wie damals hineingeraten. Vielleicht ist eine kräftige Sozialpolitik ein Mittel, um das Wirtschaftsleben in gesunden Bahnen zu halten, einer Überproduktion und Überspekulation mit dem Krach und der folgenden Arbeitslosigkeit vorzubeugen. Auch wer nicht einsehen will, daß eine gute Schutz- und Versicherungsgesetzgebung auf die Dauer die Leistungsfähigkeit der Volkswirtschaft im ganzen stärkt, daß die deutsche Sozialpolitik ein wesentlicher Faktor zum deutschen Siege von 1915 ist, der wird nicht bestreiten können, daß die deutsche Volkswirtschaft unendlich viel mehr aushalten kann, als ihr vor dem Kriege zugemutet wurde. Denn gerade der Krieg hat gezeigt, wie kräftig, gesund und anpassungsfähig alle Gewerbe sind, wie vortrefflich wir die organisatorische Überwindung aller Schwierigkeiten verstehen. Der Sieg aber, an dem wir nicht zweifeln, wird deutschen Erzeugnissen der beste Bahnbrecher sein. Mögen die feindlichen Staaten sich gegen jede Einfuhr aus Deutschland sträuben (ihre Kaufkraft interessiert uns weniger als ihre Zahlkraft — für Kriegskosten!), bei allen neutralen Völkern wird deutsche Technik und hoffentlich auch deutscher Geschmack siegreich bleiben. Zudem dürfte in den nächsten Jahren der Weltmarkt für uns nicht eine so große Rolle spielen wie vor dem Kriege, denn wir haben im Inlande ein ungeheueres Arbeitsfeld in dem Ersatz alles dessen, was der Krieg zerstört hat, in dem Bedarf der Millionen, die im Felde standen oder sparen mußten, in der ganzen zurückgestauten Kauflust eines siegreichen Millionenvolkes, das durch den Sieg kaufkräftig geworden ist.

Das Vertrauen aber, daß aus sich heraus die Wirtschaftsparteien eine den sozialen Anforderungen entsprechende Regelung der Arbeitsbedingungen schaffen werden, kann ich nicht teilen. Die Erfahrung der Geschichte spricht dagegen. Wenn eine Gewinnmöglichkeit geboten ist, so schweigen in der Regel alle anderen Rücksichten vor dem Wunsche sie gründlich auszunutzen. In allen Geldfragen sind wir in der sozialen Moral eben noch weit zurück hinter unserem Standpunkt in anderen Beziehungen. Und viele Leute, die es als selbstverständlich betrachten, auf den ersten Ruf des Kaisers Blut und Leben für das Vaterland in die Schanzen zu schlagen, suchen rasch vorher noch einen wucherisch hohen Gewinn auf Kosten der Gesamtheit oder der Mitmenschen hereinzubringen.

Ein Versagen unserer Gesetzgebung wäre um so bedauerlicher, als der Krieg uns an einen Grad staatlicher Regelung des Wirtschaftslebens gewöhnt, wie er vielen noch vor kurzem als unerträglich erschienen wäre. Die Notgesetze, die darauf begründeten Bundesratsverordnungen und die Verwaltungsmaßnahmen der Zivil- und Militärbehörden haben einerseits bewiesen, daß die bisherige Gesetzgebung und das bisherige Verhalten der Behörden nicht ausreichten. Anderseits, daß Maßregeln, die theoretisch sicher aufs äußerste bekämpft worden wären, ganz leicht durchzuführen sind, wenn ein fester Wille dahintersteht und ein soziales Verständnis ihnen entgegenkommt. Beides war für den Krieg unentbehrlich und vorhanden; aber sollte es sich nicht über den Frieden hinüberretten lassen? Gewiß, die Notgesetze und Verordnungen, die für besondere Verhältnisse getroffen sind, werden mit diesen Verhältnissen verschwinden müssen, während die Befugnisse der Heeresbehörden mit dem Eintreten des ordentlichen Rechtszustandes von selbst aufhören. Aber es wäre ein unverzeihlicher Fehler, wenn an ihre Stelle ein Nichts treten sollte, wenn man die Erfahrungen der Notzeit nicht für die Zeit des goldenen Segens nutzbar machen, nicht die vorübergehenden Einrichtungen durch gleichwertige, dauernde ersetzen wollte.

Geschieht das nicht, so steuern wir unbedingt in eine Periode schärfster Wirtschaftskämpfe hinein. Denn unsere Arbeiterschaft stellt heute eine ganz andere Macht dar als in den siebziger Jahren. Sie wird aus dem Riesenkampfe, in dem sie als weitaus zahlreichste Klasse die Hauptlast getragen hat, mit dem berechtigten Anspruch hervorkommen, daß sie von den Früchten des Sieges nicht ausgeschlossen werde. Sie wird nicht nur mitverdienen wollen, sondern auch mitbestimmen und Zeit haben, die wachsende Kultur mitzugenießen. Eine weise Staatsregierung darf nicht abwarten, bis der Kampf entbrannt ist und vielleicht ein großer Teil der Aufschwungsmöglichkeit durch Stillegung der Betriebe vereitelt, durch erbitterte Streiks und Aussperrungen die wundervolle Einmütigkeit des Volkes in den alten Haß umgeschlagen ist. Sie muß vorbeugend die Schranken bauen, innerhalb deren die sozialen Parteien künftig leben können, ohne daß eine sich gröblich benachteiligt fühlt.

14. Kernfragen des Sozialen.

Sozial ist, was dem Interesse der Gesamtheit dient; was den Einzelnen hindert, sich auf Kosten der Allgemeinheit Vorteile zu verschaffen. Was ist das Allgemeinste, was jedem Mitgliede des Staates zugehört? — Leben und Persönlichkeit! Wer den Menschen schützt, kann niemandem Unrecht tun, denn dieser Schutz kommt allen zugute. Der Staat, dem Menschenleben, Gesundheit, Arbeitskraft das Höchste sind, kann niemals „Klassenstaat" sein, denn keine Klasse ist im Alleinbesitz dieser Güter, keiner fehlen sie. Der Staat, der dem Glücke und Fortschritt der Gesamtheit dienen will, muß seine Arbeit auf Förderung der Persönlichkeit richten, denn sie ist allen gemeinsam.

Und gibt es etwas Notwendigeres für den Staat, für das Volk als die Millionen der Bürger? Ist ohne sie der Staat möglich? Aber kann nicht mit ihnen alles erarbeitet und erkämpft werden, was etwa mangelt? Schafft ein Volk von starken, gesunden, arbeitsfrohen Menschen, so wird ihm alles andere zufallen. — Und Ihr werdet nicht länger fragen, was sozial ist:

Sozial bedeutet das Vorrecht des lebendigen Menschen vor allen Gütern und Einrichtungen dieser Erde. Sozial ist der Staat nur, wenn er die Persönlichkeit des Menschen, des Staatsbürgers höher wertet als Sachgüter, als Vermögensinteressen, als irgend welche Institutionen. Das soziale Recht dient dem obersten Zwecke des Staates, recht viele gesunde, leistungsfähige, frohe Menschen als Bürger zu haben.

Dieser Begriff des „Sozialen" beschränkt sich nicht auf das Arbeitsverhältnis, sondern ist auf alle Gebiete der Politik, des Rechtes, des Wirtschaftslebens anwendbar. Einige Beispiele solcher Anwendung:

Die Mieterorganisation ist noch jung und ihres sozialen Charakters sich nicht bewußt. Sie ist hervorgegangen aus finanziellen Interessen. Ihr Schlachtruf ist: „Die Mieten werden teuerer!" Aber das ist nicht das Entscheidende. Ein Kampf der Vermögensinteressen der Mieter gegen die Vermieter würde immer nur ein Interessenkampf sein. Wenn wir die Bestrebungen der Mieter, die Not der Mieter richtig würdigen, sie als soziale Volksbewegung auffassen sollen, so müssen wir noch etwas tiefer graben, damit wir zum Ergebnis kommen, daß nicht Vermögensinteressen gegen Vermögensinteressen stehen, sondern Volksinteressen gegen Vermögensinteressen:

Denn unser jährlich um etwa eine Million wachsendes Volk ist nicht nur darauf angewiesen, ein großgewerbliches Volk, sondern auch darauf, ein dicht wohnendes Volk zu sein. Und die Zukunft der Volksgesundheit, der Volkskraft, damit auch der Staatsmacht, des Volksbestandes, hängt von der befriedigenden Lösung des Wohnproblems ab.

Darum ist es nicht eine Interessenfrage, sondern eine Volksfrage; genau wie das Arbeitnehmerrecht. Wir erheben keine Vorwürfe gegen die Vermieter, daß sie ihr Kapital gut verzinst sehen wollen; wir leugnen nicht, daß vielfach die Kosten der Wohnungsherstellung steigen, daß vielfach hinter dem Haus-

6*

besitzer der Grundrentner steht, der ihn zwingt, zu steigern. Aber wir halten es für eine absolute Notwendigkeit, daß der Staat diesem Kampfe zwischen Mieter und Vermieter nicht müßig zuschaut. Und wohin er sein Schwergewicht werfen muß, das ist zweifellos, sobald der Kern des Gegensatzes deutlich erkannt ist: Die Vermieter vertreten in dieser Frage reine Vermögensinteressen, die gute Verzinsung ihres Kapitals, die Mieter aber kämpfen um Licht, Luft, Gesundheit, Platz für ihre Kinder, um die Möglichkeit, ein Menschenleben auszuleben. So wichtig dem Staate die Rentabilität des riesigen Kapitals sein muß, das in Häusern angelegt wird, viel wichtiger muß ihm die Rentabilität des größeren Kapitals sein, das für die Ernährung und Erziehung der Millionen und aber Millionen zur Miete wohnender Staatsbürger aufgewandt worden ist. *Wichtiger als die Kapitalzinsen ist die Volksgesundheit!*

Wenn sozial das Vorrecht des Menschen vor den Sachen bedeutet, dann sind die *Steuern* um so unsozialer, jemehr sie den Menschen selbst, das heißt sein Dasein treffen, sein Leben und Arbeiten erschweren; um desto sozialer, je mehr sie andere Dinge als die menschliche Persönlichkeit belasten.

Unsozial ist deswegen die Steuer auf die notwendigsten Lebensmittel und Gebrauchsgegenstände wie Brot, Fleisch, Salz, Petroleum usw. Sozial ist die Steuer auf das, was dem Menschen ohne Arbeit zuwächst wie Kapitalzinsen, Erbschaften, Bodenrente, Monopolgewinne usw. Unsozial ist die Einkommensteuer, wenn sie nicht ein geringes Existenzminimum freiläßt; wenn sie nicht die kleinen Einkommen wesentlich geringer trifft als die großen; wenn sie nicht das fundierte Einkommen wesentlich stärker heranzieht als das reine Arbeitseinkommen. Deswegen ist die Vermögenssteuer stets sozial gut, fast so gut wie die Erbschaftssteuer und die Abgabe vom unverdienten Zuwachs am Grund und Boden.

Ein soziales Wahlrecht muß das zum Maßstabe nehmen, was allen gemeinsam und was dem Staate das wichtigste ist: Die Person des Volksgenossen. Selbstverständlich muß man die Unmündigen und die Unwürdigen (Kinder, Kranke und Verbrecher) ausschließen; aber sonst jemanden auszuschließen von der Mitwirkung am Statsleben, liegt kein gerechter Grund vor.

Das auf dem Menschen beruhende soziale Wahlrecht muß gleich sein. Denn die Person ist gleich. Jede Abstufung nach Vermögen und Steuerleistung ist unsozial, denn sie setzt Sachgüter über Leben; und der Staat besteht aus Bürgern, nicht aus Geldsäcken; ist um der Bürger willen da. Man glaube doch dem törichten Einwande nicht, daß durch das allgemeine gleiche Wahlrecht der Einfluß jedes Mannes und jeder Frau auf die Zusammensetzung der Volksvertretung gleich sei. Auch das soziale Wahlrecht gibt, wie alles soziale Recht, nur jedem ein Mindestmaß von Recht und Einfluß. Ein ungeheuer bescheidenes Mindestmaß. Darüber hinaus muß und kann der Tüchtige sich geltend machen. Niemand kann bezweifeln, daß der Reiche mehr Einfluß auf den Ausfall der Wahl übt als der Arme, der Kluge mehr als der Dumme, der Fleißige mehr als der Träge, der Angesehene mehr als der Verachtete — ich wage zu behaupten: auch der Ehrliche mehr als der Anrüchige. Bei keinem anderen Wahlrechte können alle verschiedenen Fähigkeiten der Einzelperson so zur Geltung kommen wie beim gleichen Wahlrechte. Wer das leugnet, übersieht, daß natürlich auch der bravste, fleißigste und klügste Kandidat durchfällt, wenn seine Anschauungen im Widerspruche zu den wohlverstandenen Interessen der Mehrheit stehen. Aber dann soll er auch durchfallen! Denn die wohlverstandenen

Interessen der Mehrheit müssen ausschlaggebend sein für einen sozialen Staat.

15. Zwang zur Freiheit!

Heute kann ein Volk nicht frei sein, wenn es nicht eine „Freiheit" beschränkt, nämlich die Befugnis, seine Freiheit zu verkaufen. Alle soziale Gesetzgebung, die als eine Beschränkung der Freiheit bekämpft wird, ist in Wirklichkeit eine Beschränkung der Möglichkeit, seine Freiheit aufzugeben. Sozialpolitik ist ein Zwang zur Freiheit.

Wer wundert sich, daß die Großen, deren Größe auf der Unfreiheit der anderen beruht, sich dagegen sträuben, wenn auch dem anderen die Freiheit gesetzlich garantiert werden soll? Der größte Eingriff in die „Vertragsfreiheit" war die Aufhebung der Sklaverei. Du darfst dich nicht restlos verkaufen. Du kannst es nicht; du magst es anstellen, wie du willst; das letzte Verfügungsrecht über dich hat der Staat dir aufgezwungen. Du mußt persönlich frei sein.

Aber der heutige Staat braucht nicht nur den Menschen, sondern er braucht den Kulturmenschen. Darum zwingt er die Kinder zur Bildung. Bildung macht frei. Darum sind die Freunde der Leibeigenschaft noch heute die Feinde der Volksbildung. Der Staat braucht gesunde, leistungsfähige Menschen. Darum zwingt er zur Schließung der Fabriken und Kaufläden in der Nacht. (Mit vielen Ausnahmen natürlich, denn die Rentabilität des Aktienkapitals ist oft wichtiger als die Rentabilität des Menschenkapitals.) Darum beschränkt er die „Freiheit" der Frauen und Kinder, zu arbeiten, zu verdienen. Die Kinder, namentlich die unter 14 Jahren, arbeiten ja so gern; Arbeit ist so erzieherisch, namentlich das mechanische Schuften um Pfennigslohn! Und die Frauen, namentlich die Mütter, wissen ja nichts Schöneres, als am Webstuhle zu stehen oder zweitausend surrenden Spindeln nachzulaufen ... aber der Staat zwingt sie zum „Müßiggang" (sagen die Ausbeuter der „Freiheit"), denn er braucht gesunde Kulturmenschen.

Sozialpolitik ist staatlicher Zwang zur Lebens- und Betätigungsfreiheit aller Bürger!

Es gibt nichts Dümmeres als die Heiligkeit der Vertragsfreiheit gegen soziales Zwangsrecht anzurufen. Kein vernünftiger Gesetzgeber wird die Möglichkeit von Abmachungen zwischen Staatsbürgern anders beschränken, als soweit es im Interesse der Gesamtheit notwendig ist. Da liegt der Angelpunkt. Der einzelne darf nicht tun, was von der organisierten Gesamtheit zum Verbrechen oder zu einer Unsittlichkeit erklärt ist; und der einzelne darf nicht auf Kosten der Gesamtheit Geschäfte machen.

Ist nicht auch zugunsten der Besitzenden die Freiheit ganz wesentlich und nach mancher Richtung beschränkt. Was unterscheidet denn grundsätzlich den Schutz des Vermögens gegen Erpressung von dem Schutze des Unvermögenden gegen wucherische Darlehen oder unsittliche Arbeitsverträge?

Die sogenannte Freiheit des Wirtschaftslebens besteht nicht darin, daß der Staat nicht in das Wirtschaftsleben eingreift, sondern darin, daß er das Kapital schützt und die Person ungeschützt läßt. Kein Verfechter freien Wirtschaftslebens hat noch verlangt, daß die Strafen auf Diebstahl und Raub aufgehoben würden; oder gar das Erbrecht?

Vorteil von der sogenannten Freiheit des Wirtschaftslebens haben also diejenigen, deren Kapitalinteressen größer sind als ihre Persönlichkeitsinteressen. Wenn diese sich dagegen sträuben, daß der Staat zum Schutze der Persönlichkeit Gesetze macht und die Freiheit der Kapitalausnutzung beengt, so ist das verständlich. Wenn aber manche Verfechter der Vermögensinteressen dieses Eingreifen als „Unrecht" bezeichnen, gar dem Staate die Befugnis dazu absprechen wollen, dann ist das lächerlich. Denn eine wirkliche „Freiheit des Wirtschaftslebens" hat es in unseren Kulturstaaten nicht gegeben und kann es nicht geben. Auch die Möglichkeit ungehinderter Kapitalsausnutzung und Betätigung der dadurch verliehenen Macht beruht auf staatlichen Zwangsgesetzen — auf Eigentum, Erbrecht, Besitzschutz, Zwangsvollstreckung usw.

Solange Besitz, Vermögen und Verfügung über fremde Arbeit auf „Freiheit", d. h. auf Macht, beruhte, konnte niemand sich beschweren, wenn eine stärkere Macht ihm sein Vermögen oder seine Verfügungsgewalt ganz oder teilweise nahm. Seitdem Besitz, Vermögen und Verfügung über fremde Arbeit auf staatlichem Zwange, d. h. auf „Recht" beruht, kann niemand sich beschweren, wenn der Staat Vermögen und Verfügungsgewalt des einzelnen auf demselben Wege, auf dem sie verliehen sind, auch wieder beschränkt.

Unsere politische Entwickelung geht dahin, den einzelnen freier und einflußreicher zu machen. Der Untertan war nur Objekt der Gesetzgebung und Verwaltung; der Staatsbürger ist auch Subjekt. Er wirkt mit, unmittelbar an verschiedensten örtlichen Aufgaben, mittelbar durch Wahl von Vertretern an den großen Staatsaufgaben.

Unsere wirtschaftliche Entwickelung geht den entgegengesetzten Weg, zu immer größerer Abhängigkeit vieler von einzelnen. Das ist eine Folge unserer auf dem Privateigentum beruhenden Wirtschaftsverfassung, nach der die Mehrheit des Volkes auf den Eintritt in ein Arbeitsverhältnis angewiesen ist. Dieses Arbeitsverhältnis muß zu einer Unterordnung unter den Betriebsleiter führen, namentlich im Großbetriebe, in dem ohne straffe Organisation und Disziplin kein erfolgreiches Arbeiten denkbar ist. Aber die wachsende Macht der Inhaber und Leiter großer Unternehmen, die absolute Notwendigkeit für viele, Arbeit anzunehmen, führt dazu, daß die Arbeitgeber einseitig alle Arbeitsbedingungen vorschreiben können und daß ihre Macht weit über die Grenzen des Betriebes sich auf die Privatverhältnisse des Arbeiters und auf sein staatsbürgerliches Leben erstreckt.

Diese Gewalt des Großbetriebes über seine Angestellten macht die Wirkung staatlicher Gesetze von dem guten Willen des Unternehmers abhängig. Was nützt dem Arbeiter die Wahlberechtigung, wenn die Abstimmung nicht geheim ist und er für seine Brotstelle fürchten muß, sobald seine Entscheidung dem Arbeitgeber nicht gefällt? Was nützen Arbeiterausschüsse in Grube oder Fabrik, wenn derjenige, der sich als Wortführer unbequem macht, gewärtig sein kann, aufs Pflaster zu fliegen? Was nützt die Zuziehung zu Ehrenämtern, als Schöffe, als Geschworener, die Wahl in die Stadtverwaltung und dergleichen, wenn der Arbeitgeber keinen Urlaub zur Erfüllung solcher Pflichten gibt? Was würden Gewerbegerichte, Kaufmannsgerichte, Arbeitskammern sein, wenn die Unternehmer einmal nicht wollten und allen Beisitzern kündigten?

Das Staatsbürgertum der Masse steht vielfach noch auf dem Papiere. Um es voll wirksam zu machen, muß das Industriebürgertum an seine Seite treten. Das heißt: durch Umwandlung des Arbeitsverhältnisses aus einem Gewaltverhältnis in ein Rechtsverhältnis muß die Sicherheit geschaffen werden, daß niemand seine wirtschaftliche Macht zur Hinderung staatlich verliehener Rechte mißbrauchen kann.

16. Soziale Bildungsfragen.

Unsere Sozialpolitik dreht sich meist um wirtschaftliche Fragen. Das ist verständlich, denn der Hunger ist das dringendste Bedürfnis. Es ist auch richtig und gut; denn was unserer staatlichen Sozialpolitik vor allem fehlt, ist der Volkswirt, ist der große „Geschäftsmann", der weiß, wie gut sich Sozialpolitik für Volk und Staat bezahlt macht. Aber das Letzte liegt nicht in den wirtschaftlichen Dingen. Und mit höherem Einkommen, mit Pensionsversicherung und Witwenfürsorge, mit Höchstarbeitszeit, mit Nacht- und Sonntagsruhe allein werden wir das Problem sicher nicht lösen, das mit unserem Industrievolk des zwanzigsten Jahrhunderts geboren ist. Alles das ist notwendig als Grundlage für das höhere, was uns erst weiterbringen kann.

Die soziale Frage ist in ihrem letzten Grunde eine Bildungsfrage. Für die Besitzenden und die Nichtbesitzenden; für die Arbeiter und die Unternehmer; für die Bürger und die Beamten; für die Männer und die Frauen. Sie alle müssen erkennen, daß unsere Zeit eine ganz andere ist als die ihrer Jugend oder ihrer Voreltern. Sie müssen lernen, daß diese Zeit ganz andere Bedürfnisse hat, eine ganz andere Art des Lebens, des Genießens, des Schaffens. Wer das nicht begreift, wird immer vor die quälende Frage kommen: Wozu? Und kein Mensch wird seines Wirkens froh werden, der nicht weiß, wozu es dient.

Die großen Zusammenhänge der Weltwirtschaft, der Arbeitsorganisation begreifen, das ist die erste Vorbedingung zu neuer Freude. Wer das erreicht, der wird auch die Folgerungen begreifen, die für Staat, Recht und Verfassung aus der Wirtschaftsentwickelung notwendig hervorgehen. Wie die Elefanten keinen

Bienenstaat bilden können, so kann ein Industrievolk des zwanzigsten Jahrhunderts unter politischen Gemeinschaftsformen, die dem achtzehnten oder neunzehnten Jahrhundert angemessen sein mochten, nicht seines Daseins froh werden.

Aber nicht nur eine Verstandesfrage ist es, sondern auch eine Herzensfrage. Der Staat muß ohne Sentimentalität nach Gründen der Zweckmäßigkeit und des Nutzens handeln. Aber für den einzelnen im Staate gilt noch das Pauluswort: „Und wenn ich all meine Habe den Armen gäbe und hätte der Liebe nicht, so wäre es mir nichts nütze — und wäre ihnen wenig nütze!" Denn solange nicht das Gefühl herzlicher Zusammengehörigkeit, froher Anerkennung jedes Strebens, jeder Arbeit über Berufs- und Klassengrenzen weg seinen milden Schein gibt, solange kann nicht der Masse das Gefühl des Behagens wachsen: Hier bin ich Mensch, hier darf ich's sein. Ist es denn nicht auffallend, daß trotz aller sozialen Bestrebungen, die unsere Gesellschaft vielleicht mehr als irgendeine frühere übt, das Verhältnis zwischen den Klassen sich nicht verschönt sondern verschärft? Ein Hauptgrund dazu liegt in dem Mangel an gegenseitigem Verstehen. Die Besitzenden und die Nichtbesitzenden sind infolge des plutokratischen Charakters unserer Schuleinrichtungen auch unterschieden in die Leute mit sogenannter höherer Bildung und solche ohne sie. Die als gebildet abgestempelten und die anderen reden an einander vorbei. Sie haben eine so verschiedene Ausdrucksweise, im Denken wie im Sprechen, daß sie einander nicht verstehen.

Als ich diese Tatsache einmal im Reichstage erwähnte zur Empfehlung von paritätischen Arbeitskammern, haben tausende von Werkmeistern dagegen wie gegen eine schwere Beleidigung ihres Standes protestiert. So schwer fällt es diesen Leuten, eine einfache Wahrheit sachlich und unparteiisch zu prüfen; so tief stecken sie in dem Mißtrauen, daß sie von den Akademikern und den anderen Gruppen, die die „Bildung" gepachtet zu haben glauben, über die Achsel angesehen, von ihnen nicht geachtet, nicht verstanden werden.

Und ist dieses Mißtrauen so ganz unberechtigt? Stecken wir nicht in einer ganz gefährlichen Überschätzung der formalen Bildung, wie sie auf höheren Schulen gelehrt wird? Vernachlässigen, unterschätzen wir nicht ganz bedenklich den Bildungswert, der in fachlicher Tätigkeit, in praktischer Arbeit steckt? Treiben wir nicht durch diese falsche Schätzung eine Menge von Menschen auf einen ganz falschen Bildungsgang und züchten einen Bildungsdünkel, der sozial höchst verderblich wirkt? Die soziale Frage erschöpft sich nicht im Essen, Trinken und Wohnen. Auch die formale Gewährung von Rechten und Freiheiten ist nicht das entscheidende — so notwendig sie ist. Sondern die Verständigung der Parteien, der soziale Friede hat zur Voraussetzung die gegenseitige Achtung, die Wertschätzung jeder tüchtigen Leistung, jedes ehrlichen Strebens. Gebildet ist, wer das versteht, was er in seinem Lebenskreise braucht (als Geschäftsmann, Familienvater, Staatsbürger). Das Schulzeugnis hat nichts mit der Bildung zu tun.

Der andere Grund, der alles Behagen, alle Daseinsfreude so erschwert, ist das Fehlen der Berufsfreude, der Arbeitsfreude, die doch in einer allgemein arbeitenden Zeit die Grundlage alles Glückes ist. Das trägt ja oft unseren Industriearbeitern den Vorwurf der Faulheit ein, daß sie bei achtstündiger Schicht nicht zufrieden sind, während mancher Handwerker sich 10 Stunden lang plagt, manche Hausfrau 14 Stunden Tag aus, Tag ein; und sie sind doch froher und zufriedener als jene!

Sie können ihrer Arbeit froh sein, denn wenn sie auch schwer arbeiten, so wissen sie doch, wofür sie arbeiten. Das ist die größte Schwierigkeit unserer neuen Großbetriebzeit, daß die meisten Menschen nicht mehr wissen, was sie arbeiten und wofür sie arbeiten. Wenn vor 100 Jahren das Mädchen am Spinnrad saß und den Faden zog, da spann sie viel Liebes und Freundliches mit hinein. Denn ihre Gedanken gingen mit dem Faden zum Weber, und mit der Leinwand auf die Bleiche; sie sahen die Ausstattung im Eichenspind und sahen errötend den Tag, an dem sie mit ihrem Fleiße Ehre einlegen würde, wenn der schönste der Männer sie umfing. — Heute steht das Mädchen im riesigen Fabriksaale und verfolgt gespannt die tausend mechanischen Spindeln, die rasend laufen. Da bleibt keine Muße zu Gedanken; da gilt es nur knüpfen, einsetzen, Spulen wechseln usw.; alles in Hast, denn die Maschine darf nicht rasten, der Meister geht prüfend vorbei und der Lohn ist knapp. Fragt doch das Mädchen, ob es weiß, was es arbeitet? Lohn! Alles andere ist gleich. Ob es weiß, wohin die fertigen Spulen gehen, was damit wird ... weiß es der Fabrikant doch kaum; ist ihm auch gleichgültig, wenn es nur verkauft wird.

Da ist eine Mutter und schneidert Wäsche für den Erstgeborenen, der in der Wiege neben ihr liegt und mit großen Augen zusieht — kann es eine fröhlichere Arbeit geben? — Da sitzt eine Näherin in der Fabrik und läßt die Maschine rasen: Kinderschürzen, Muster 518 A, 200 Stück, eines wie das andere. Wozu? — Kommission 9236, morgen abzuliefern; weiter weiß sie nichts, hat auch nicht die Zeit, Lust und Möglichkeit, mehr zu erfahren.

Wenn Hans Sachs seine Schuhe machte, wußte er genau, für wen; und je nachdem der Kunde, arbeitete er den Schuh.

Am Schluß schrieb er ihm ein Sprüchlein auf die Sohle — und freute sich, wenn der stattliche Zunftmeister behäbig auf seiner Hände Werk daher kam. — Die Schuhfabrik hat keine Kunden, hat nur einen Markt. Was weiß der Fabrikant, wer seine Schuhe trägt! Und gar erst der einzelne Arbeiter! Der macht ja schon lange keine Schuhe mehr, sondern 6 Stiche an der Sohlen-Nähmaschine. . . .

Wie soll ein moderner Industriearbeiter, der Tag aus, Tag ein, 9 Stunden lang mit einer Maschine Löcher in Bleche stanzt, immer dasselbe Loch an derselben Stelle in ein gleiches Blech — oder Nadelköpfe ansetzt, oder auf einen Pappstreifen einen Papierstreifen klebt, oder sonst eine der tausend Einzelverrichtungen ausführt — wie soll er Freude an seiner Arbeit haben! Er weiß ja nichts, als daß er arbeiten muß, um zu leben.

Nicht eher werden wir wirklich weiter kommen im sozialen Frieden, als bis die Masse wieder Freude an der Berufsarbeit erhält. Dazu gehört vor allem, daß sie Sinn und Zweck ihrer Tätigkeit begreift, daß der einzelne lernt, warum auch seine Teilarbeit nützlich und notwendig ist; daß er sich als organisches Rädchen in einem großen Werke fühlt und weiß, warum er nicht fehlen darf; daß er anerkannt ist in dieser seiner Tätigkeit und Unentbehrlichkeit . . . Dazu gehört viel volkswirtschaftliches Verständnis auf allen Seiten!

V. Hauswirtschaftliches.

17. Der Segen der „Aushungerung".

Das gewaltigste in dem Gegenwartskriege war, daß man kaum etwas davon merkte, daß im Inneren Deutschlands die Bevölkerung ruhig ihrem Erwerbe, ihrer Tätigkeit, selbst ihrer Unterhaltung nachgehen konnte, während jenseits der Grenzen Millionen von Feldgrauen gegen eine Welt von Feinden unerhörte Strapazen erduldeten, unerhörte Heldentaten verrichteten. Eine Folge unserer wunderbaren Organisation, unseres hochgespannten Staatsgefühles und sozialen Vertrauens. Es genügt, wenn jedermann „seine Pflicht tut". Jeder kann warten, bis an ihn der Ruf ergeht, ohne Furcht, daß er vergessen oder nicht rechtzeitig gerufen würde.

Das hat in manchen Volkskreisen eine solche Sicherheit und Sorglosigkeit erzeugt, daß es gut war, wenn nun auch weitere Millionen „mobil gemacht" wurden. Denn nichts anderes als eine Mobilmachung des Haushaltes bedeuten die Bundesratsverordnungen über Kriegsernährung. So wenig tragisch ich den ganzen Aushungerungsplan unserer Feinde nehme, so fest ich überzeugt bin, daß kein Deutscher verhungern wird, so lange noch ein Belgier und ein Gefangener satt wird, so lebhaft begrüße ich die neuen Gesetze. Denn sie nötigen die Gesamtheit des deutschen Volkes zu ernsten Gedanken über die Zeit; sie schaffen ein tieferes Miterleben, als es vorher bestand; sie sichern unserer Heeresleitung die vollkommene Unabhängigkeit (Hindenburg braucht sich nicht zu sorgen, ob wir die hunderttausend Russen mit durchfüttern können — er soll nur schicken!); sie zerstreuen die letzte Siegeshoffnung unserer Feinde. Und sie haben daneben noch einige Wirkungen, die auf die Dauer segensreich sein können.

Die Ärzte haben ja schon immer behauptet, daß viele Leute in Deutschland zu viel essen. Und jetzt ist nachgerechnet, daß unser Verbrauch an Nährstoffen um ein Drittel höher ist als der Bedarf. Darin liegt ein dreifacher Fehler, eine Vergeudung, eine Verminderung der Leistungsfähigkeit und eine Verkürzung des Lebens. Wenn in eine Maschine mehr Kohlen gebracht werden, als die rationelle Feuerung verlangt, so werden nicht nur Kohlen verschwendet, sondern die Wirkung des Feuers wird vermindert und der Verschleiß der Maschine gesteigert. In der Technik ist solches Verfahren ausgeschlossen, ein rationelles Heizen Vorbedingung verständigen Betriebes. In der menschlichen Ernährung, die unendlich viel wichtiger ist als alle Maschinenbehandlung, sind wir noch weit von der Rationalisierung entfernt, da verschwenden wir noch und ruinieren unsere Gesundheit. Welch ein Segen, wenn wir durch die Kriegsernährung zu einer verbesserten, verständigeren Lebenshaltung kämen; wenn wir den Grundsatz beibehielten, nicht mehr zu essen als notwendig, und das notwendige in der zweckmäßigsten Weise. *Mit Überlegung essen!* welch eine wichtige Regel.

Sie hat eine andere, fast ebenso wichtige Regel zur Voraussetzung und Folge: *mit Überlegung kochen!* Die Hausfrau und Köchin erhält eine ungeahnte Wichtigkeit. Nachdem die Überlegenheit der deutschen Waffen zu Lande, zu Wasser, unter dem

Wasser und in der Luft sich durchgesetzt hat, hängt jetzt der endgültige Sieg Deutschlands an der Tüchtigkeit der deutschen Hausfrau. Denn sie regelt und bestimmt den Konsum; sie kann entscheiden, was und wie und wieviel gegessen und getrunken wird; ob die Herstellung der Nahrung mit Verschwendung oder sparsam erfolgt; ob unsere Vorräte ohne Beeinträchtigung der gesunden Ernährung (namentlich der Kinder) einige Monate länger reichen oder nicht. Das aber ist das wichtigste, was in unserer Volkswirtschaftslehre und in unserer Wirtschaftspolitik immer gefehlt hat: die Anerkennung der ungeheueren Bedeutung des Haushaltes für Erzeugung und Verbrauch.

Sie hat auch in unserer Frauenbewegung leider teilweise sehr gefehlt. Auch diese drohte oft zu entgleisen in eine durchaus falsche Überschätzung der Arbeit um Geld (der Erwerbstätigkeit, in der man allein eine Berufstätigkeit sah), in eine Verachtung dessen, was nach Zahl und Bedeutung weitaus das erste in aller Frauenarbeit und Frauenleistung ist. Die Frauen, die so lange vergeblich um staatliche Anerkennung gerungen haben, werden jetzt vom Staate aufgerufen; nicht gleich zu Rechten, sondern zunächst zu Pflichten, zur höchsten und schönsten Bürgerpflicht: zur Verteidigung des Vaterlandes. Und nicht die „emanzipierten" werden aufgerufen, nicht die Rednerinnen, Agitatorinnen, nicht die akademischen, nicht die beruflich tätigen, sondern die Hausfrauen, die Gesamtheit der deutschen Frauen. Das muß eine erfreuliche Wirkung auf die Frauenbewegung ausüben, wie auf ihre Beurteilung durch die Männer. Was künftig an die Pforten der deutschen Gesetzgebung klopft mit dem Verlangen nach Gleichberechtigung, nach Bürgerrecht, das kann nur die Gesamtheit der Frauen sein; und was sie verlangt, kann nur Hausfrauenpolitik sein.

Denn auch das dürfte die Jetztzeit uns lehren, wie wichtig das Essen für die Politik ist. So selbstverständlich das erscheinen mag, es war lange Zeit vergessen. Unsere Gesetzgebung und Verwaltung sah im Menschen hauptsächlich den Berufstätigen, den Arbeitenden, den Produzenten; sie fragte immer nur: wie sichern wir seiner Arbeit einen genügenden Lohn, seinem Kapitale einen guten Gewinn (meist stand sogar das letzte noch vor dem ersten)? Jetzt geht unseren Staatsleitern die Weisheit auf, daß vor allem die Frage stehen muß: wie schaffen wir allen Bürgern ausreichende Ernährung? man wird weiter fragen: wie schaffen wir ausreichende Behausung, Bekleidung, Erziehung, überhaupt Versorgung mit allem, was ein Kulturvolk im zwanzigsten Jahrhundert braucht, weil es das Leben steigert und weil es beschafft werden kann? Erst dahinter kommt dann die Frage der Produktion und des Preises, des Arbeitslohnes und des Kapitalprofites.

Eine vollständige Umkehr unserer Politik kann aus dem Aushungerungsplane Englands erwachsen, eine Konsumentenpolitik, welche die Lebensinteressen der Millionen an die erste Stelle rückt. Eine Hinlenkung unserer Politik zum Sozialen, die unserer Zukunft zum tiefsten Segen gereichen müßte.

18. Die politische Aufgabe der Hausfrau und Mutter.

Die politische Bewegung der deutschen Frauen wird im wesentlichen getragen von den erwerbstätigen Frauen und auch im wesentlichen begründet mit dem Hinweis auf die immer wachsende Millionenzahl von Mädchen und Frauen, die durch die wirtschaftliche Entwicklung genötigt werden, ihr Brot durch Berufsarbeit zu verdienen. Die weitaus größte politische

Frauen-Organisation, die sozialdemokratische mit ihren 100 000 Mitgliedern, besteht naturgemäß zum allergrößten Teil aus Arbeiterinnen. Und auch für die an Zahl leider noch schwache sogenannte bürgerliche Frauenbewegung ist der Hinweis auf die 9 Millionen Frauen im Erwerbsleben das beliebteste Argument. Diese enge Verquickung von Beruf und politischer Forderung ist sehr verständlich, sehr natürlich. Die erwerbstätigen Frauen kommen viel häufiger, viel intensiver in Berührung mit dem öffentlichen Leben als diejenigen, deren Wirkungskreis Haus und Familie geblieben ist. Auch diejenigen konservativen Kreise, die der Frau jedes Hinaustreten in die Öffentlichkeit als unfraulich verwehren möchten, haben nichts dagegen, daß die Frau auf den öffentlichen Arbeitsmarkt tritt. Die wirtschaftliche Unabhängigkeit, welche die Berufsarbeit bringt, führt naturgemäß auch eine größere geistige Unabhängigkeit, ein Selbstbesinnen und eine stärkere Anteilnahme an den übrigen Geschehnissen des öffentlichen Lebens mit sich. Die Interessen scheinen viel enger und direkter mit den politischen, sozialen und sonstigen öffentlichen Fragen verquickt. Und gerade die selbsterwerbende, die wirtschaftlich selbständige Frau muß die vollkommene Rechtlosigkeit noch viel stärker empfinden als die Hausfrau. Sie zahlt Steuern, aber sie hat keinerlei Mitbestimmungsrecht über deren Verwendung.

So natürlich die Verbindung zwischen Berufsarbeit und Politik ist, so verfehlt ist es, sie zur Alleinherrschaft zuzulassen. Verfehlt für die Bewegung; denn das allzu starke Betonen der Berufsarbeit führt leicht dazu, daß die große Mehrheit der Frauen als Hausfrauen und Ehegattinnen nicht interessiert zu sein glauben. Die Tatsache, daß mehr als neun Zehntel der erwerbstätigen Frauen in Arbeitnehmerstellungen sich befinden, führt leicht zu einer Verquickung der Frauenfrage mit der Arbeiterfrage, zu der Meinung, daß die Frauenbewegung eine Proletarierbewegung sei, von der Frauen in guter Lebenslage sich fernhalten könnten — oder gar fernhalten müßten. Noch falscher ist die übertriebene Betonung der Berufstätigkeit vom Standpunkte des Staates, der Allgemeinheit. Ich möchte geradezu die These aufstellen: Nicht um der erwerbstätigen Frauen, sondern um der anderen willen müssen wir Männer das Frauenstimmrecht erstreben! Was wir im Interesse der Allgemeinheit in unserer Politik brauchen, ist nicht die Fabrikarbeiterin, nicht die Näherin, die Spinnerin oder Schneiderin, nicht die Kontoristin oder Verkäuferin, nicht die Lehrerin oder Schauspielerin und nicht die Bäuerin. Die besonderen Berufsinteressen werden gegenwärtig schon vertreten; werden von den Männern mit einer Schärfe und Einseitigkeit vertreten, die oft über das Maß des Wünschenswerten und Berechtigten hinausgeht. Was in unserer Politik fehlt, was das Frauenstimmrecht uns bringen soll, ist der Einfluß der Hausfrauen, der Mütter. Das übermäßige Vorherrschen der Erwerbstätigen in der Frauenbewegung und eine Verleihung staatlicher Rechte nur an sie würde ich direkt für eine Gefahr halten.

Die Hausfrauen vertreten das größte, einheitlichste Wirtschaftsinteresse: die Konsumenten! Alle unsere Parteien sind im wesentlichen Vertreter von Produzenteninteressen. Selbst bei der Sozialdemokratie verfängt in steigendem Maße das Argument, die Einnahmen (lohnende Arbeitsgelegenheit) seien wichtiger als die Ausgaben (Lebensmittelpreise). Wo ist eine starke Partei, die jede Frage ausschließlich nach der Wirkung auf den Konsum, auf die Ernährung der Volksmassen beurteilt? Das wäre die Partei der Hausfrauen, deren Kücheninteressen unendlich viel wichtiger und größer sind als die aller Gastwirte.

Aber noch viel bedeutsamer wäre die Mütterpartei. Denn die Küche ist schließlich nur ein Teil des Hauses, die Ernährung nur eine von den großen Fragen, bei denen es sich wie nirgends sonst um die Lebensinteressen der Nation handelt. Die Mütter tragen und hegen die kommende Generation. Und nichts ist, was an sozialer Wichtigkeit diesem gleichkommt. Was nützt es, wenn wir die schönsten Staatseinrichtungen schaffen, und die Menschen, für die wir sie schaffen, nicht gesund an Leib und Seele sind? Hier stehen die größten Wirtschaftsinteressen des Volkes auf dem Spiele; denn drei Viertel unseres Nationalreichtums wenden wir auf zur Ernährung und Erziehung unserer Kinder. Hier steht unsere Wehrfähigkeit auf dem Spiele, denn unsere moderne Entwicklung kann, und wenn nicht Maßregeln ergriffen werden, muß sie unsere Körperkraft in zwei Generationen zugrunde richten. Hier steht unser Glück auf dem Spiele, denn seine erste Bedingung ist Gesundheit und Kraft.

Seht, wie die Hälfte unseres Volkes arbeitet, wie sie wohnt, wie sie sich nährt! Zählt die Hunderttausende von Säuglingen und Kindern, die jährlich sterben, einfach aus Mangel an Wartung und Pflege. Denkt an die Hunderttausende, die durch Schwindsucht oder andere auf Wohnungs-, Ernährungs- und Arbeitsweise beruhende Krankheiten zugrunde gehen. Rechnet nach, welche Unsummen von Volksvermögen da ins Grab geworfen werden, die noch viel Zinsen durch nützliche Arbeit leisten könnten! Und dann bestreitet nicht, daß nichts so wichtig ist, so bitter nötig ist für das Reich als eine bessere Menschenpolitik, Kinderpolitik!!

Diese soziale Menschenpolitik soll uns das Frauenstimmrecht bringen. Denn Männerverwaltung und Männergesetzgebung hat gerade auf diesem wichtigsten Gebiete versagt. Was sie getan hat, reicht bei weitem nicht hin, um die Volksinteressen gegen die Einzelinteressen zu wahren. Unser Staat hat die Rücksicht auf den lebenden Menschen nicht an die erste, sondern an die zweite Stelle gesetzt, sie zurückgesetzt hinter die Rücksicht auf das Kapital. Durch Privateigentum und Erbrecht haben wir einer Minderheit von Begüterten eine unheimliche Macht gegeben über die Mehrheit der Armen, die von ihrer Hände oder ihres Kopfes Arbeit leben. Gegen 20 Millionen unseres Volkes sind genötigt in fremdem Dienste zu arbeiten, gründen ihre Existenz und Familie auf einen Arbeitsvertrag. 40 Millionen Menschen leben vom Arbeitslohn. Und da die Arbeitgeber kein persönliches Interesse an dauernder Gesundheit, Arbeitskraft und Freude ihrer Angestellten haben, da sie jeden Tag einen verbrauchten Arbeiter durch einen frischen ersetzen können, liegt die Versuchung zu nahe, daß sie durch übermäßige Ausnutzung der Arbeitskraft Raubbau an der Gesundheit des Volkes treiben und sich selbst auf Kosten der Gesamtheit bereichern. Diesem unsozialen Egoismus zu wehren, ist Aufgabe des sozialen Rechts. Unsere Sozialpolitik mit Arbeiterschutz und Arbeiterversicherung ist nur halb wirksam, weil unsere Wirtschaftspolitik ihr entgegengesetzt ist, weil Steuer-, Zoll- und Handelspolitik alle Lasten auf den Menschen und seine Arbeit (mit Lebensmittelsteuern) wälzt, alle Vorteile aber dem Kapital zukommen läßt; denn aller Zoll- und Monopolschutz ist Sicherung des Kapitalzinses, nicht Erhöhung des Arbeitseinkommens.

Diese verkehrte Richtung unserer Politik, welche die „Lebens"-Interessen der Bevölkerung im wörtlichsten Sinne vernachlässigt, sollen die Frauen umkehren helfen. Von ihnen darf man am ehesten Verständnis für soziale Bedürfnisse erwarten, weil sie dem Leben näherstehen als der Mann. Damit unser Staat sozial werde, damit er das wichtigste Interesse an die erste Stelle setzt, dazu braucht er das Frauenstimmrecht!

19. Künftige Wirtschaftspolitik.

Als die englische Kriegserklärung den Wirtschaftskampf neben den Waffenkampf rückte, berief der Rektor der Berliner Handelshochschule eine Anzahl erster Kenner des Wirtschaftslebens und der Volksernährung, um mit ihnen zu beraten, ob Deutschland auch beim Abschneiden der Verbindungen mit dem Weltmarkte dauernd durchhalten könne und welche Maßregeln zur Ermöglichung oder Erleichterung dieses Durchhaltens notwendig oder zweckmäßig seien. Das Ergebnis der gemeinsamen Arbeit liegt in einer Denkschrift vor: „Die deutsche Volksernährung und der englische Aushungerungsplan. Herausgegeben von Eltzbacher, Braunschweig 1914."

Die Verfasser beschränken sich auf eine der großen Wirtschaftsfragen, die größte von allen: die Ernährung des deutschen Volkes, fassen hier aber nicht die einzelnen Unterhaltsmittel und ihren Ersatz ins Auge, sondern mehr die Gesamtheit der zur Verfügung stehenden und der notwendigen Nährstoffe.

Diese werden zusammengefaßt nach den zwei verschiedenen Aufgaben, denen die Nahrungszufuhr dient: eine ist die Aufrechterhaltung der lebenden Substanz, der Ersatz der abgenutzten Zellen, die Ermöglichung des Wachstums; die andere ist die Lieferung der nötigen Stoffe für die Arbeit des Körpers, seine Kraftleistungen und die Wärmeentwicklung, gewissermaßen die

Heizung der menschlichen Maschine. Der Substanzersatz ist abhängig von der Zuführung von Eiweiß, da wir an Wasser und Salzen keinen Mangel in der Ernährung haben werden. Als Energiespender können Eiweißkörper, Fette und Kohlehydrate sich vertreten; der Bedarf wird gemessen nach Wärmeeinheiten (Kalorien). Auf Grund ausführlicher Berechnungen kommt das Buch zu folgendem Ergebnisse:

Nährwerte	Kalorien Billionen	Eiweiß Millionen Tonnen
Physiologischer Bedarf	56,75	1,605
Wirklicher Verbrauch 1912/13 .	90,42	2,307
Zur Verfügung 1915 . .	67,68	1,554

Bei einfacher Fortsetzung der bisherigen Wirtschaft würden uns also bei längerem Kriege mit vollständigem Ausbleiben der Zufuhr vom Auslande die Energiespender in der physiologischen Mindesthöhe zur Verfügung stehen, nicht aber die Substanzspender. Gegenüber dem bisherigen Verbrauche bleibt der Ansatz bei der Gesamtmenge der Nährwerte um 25 v. H., beim Eiweiß um 33 v. H. zurück. Um dieses Defizit auszugleichen und seine Vergrößerung zu hindern, werden eine Reihe von Vorschlägen gemacht, die eine Aufspeicherung des Vorhandenen, die Anpassung der Erzeugung und des Verbrauches bezwecken und sich sowohl an Reich, Staat und Gemeinden wie an die Produzenten und die Haushaltungen wenden. Soweit das Ergebnis sich zahlenmäßig errechnen oder zuverlässig schätzen läßt, soll es bewirken, daß uns auf die Dauer, auch bei mehrjährigem Ausbleiben der Weltmarktverbindung zur Verfügung stehen: 81,25 Billionen Kalorien, 2,02 Millionen Tonnen Eiweiß.

Das ist zwar noch rund 10 v. H. weniger als der tatsächliche Verbrauch vor dem Kriege, aber 20 bis 30 v. H. mehr als der Mindestbedarf. Es genügt also vollauf, um unsere Ernährung dauernd zu sichern. Von den empfohlenen Mitteln sind die wichtigsten: Änderung der Viehhaltung (Verminderung des Bestandes um 1 Million Milchkühe und 3$^1/_2$ Millionen Schweine) und Vermeidung aller Vergeudung (namentlich auch im Haushalt). Andere, wie Ausfuhrverbote, Verbot der Verfütterung von Brotkorn u. dgl. sind schon durchgeführt. Der große Wert der Darlegungen liegt darin, daß hier nicht nur gute Maßregeln empfohlen, sondern auch ihre Bedeutung zahlenmäßig nachgewiesen wird, so daß sie jedem einleuchten müssen.

Fast noch wichtiger als dieser Inhalt scheint mir der Ton, auf den die ganze Schrift gestimmt ist. Er steht in starkem Gegensatze zu dem, was sonst üblich war, und begegnet sich darin mit vielem ähnlichen aus den letzten Monaten. Wenn man bedenkt, daß die 16 Mitarbeiter, die jeder den ganzen Inhalt der Schrift vertreten, größtenteils Professoren, Geheimräte und Leiter bedeutender Staatsanstalten sind, so muß es eigentümlich berühren, wenn man in der Einleitung das Bekenntnis liest: „In dieser Zeit ist sozusagen jedermann Sozialist."

Die „sozusagen sozialistische" Gesinnung der Verfasser äußert sich nach zwei Richtungen: sie setzen den Konsum über die Produktion und das Allgemeininteresse über das Einzelinteresse. Mit dem ersten stellen sie sich in erfreulichen Gegensatz zu der bisherigen Wirtschaftspraxis. Uns war die Produktion Hauptzweck, und auch die Wirtschaftspolitik des Reiches war oft so, als sei der Konsum nur ein Mittel, um der Volksmasse Arbeitsgelegenheit und den Unternehmern Gewinn zu verschaffen. Um die Produktion lohnend zu machen, hat man ungescheut den Konsum erschwert und verteuert (man denke an Margarine und Sacharin). Dagegen hat man der Erzeugung des schlimmsten Schundes und der verderblichsten Genußmittel kein Hindernis entgegengestellt. Und niemand hat einen reichen Mann darum zu verachten gewagt, weil er sein Geld auf eine Weise verdient hat, bei der den Mitmenschen viel mehr Schaden zugefügt, als sein Vorteil wert ist (Grundstücksgeschäfte, Fuselbrennerei, Schundfabrikation). Demgegenüber vertreten die Geheimräte des Eltzbacherschen Buches den Grundsatz, daß bei der Gestaltung unserer Nahrungsmittelproduktion „der entscheidende Gesichtspunkt nicht der Geldwert ist, sondern der Nährwert dessen, was erzeugt wird". Oder bei der Erörterung von Bezügen aus neutralem Auslande: „Dem Handel, der diese Fragen nicht vom nationalen, sondern vom privatwirtschaftlichen Gesichtspunkte zu betrachten gewöhnt ist, darf die Auswahl der einzuführenden Güter nicht völlig überlassen bleiben. Im Notfall, in diesem aber auch ungescheut, wird man durch Einfuhrerschwerungen und Maßregeln der Tarifpolitik dafür sorgen müssen, daß nicht die Beförderung unnötiger Güter die Einfuhr der nötigen verhindert." Denn: „Heute kommt es nicht darauf an, daß irgendein Landwirt oder Industrieller verdient oder daß eine Aktiengesellschaft Dividenden verteilt, sondern darauf, daß wir alle zu leben haben. Es kommt überhaupt nicht auf Geld an, sondern auf Brot, Fleisch und Kartoffeln."

Heute wird kaum jemand Widerspruch gegen diesen scharfen Satz erheben. Denn heute ist „sozusagen jedermann Sozialist". Aber gilt die Regel wirklich nur für heute? Verliert sie nach dem Siege ihre Richtigkeit? Ist im Frieden das Geldverdienen oder das Dividendenverteilen die Hauptsache? Ist es wichtiger als „Brot, Fleisch und Kartoffeln"? wichtiger, als daß „wir alle zu leben haben"? Gewiß nicht, sondern mit dieser Kriegsregel haben die Professoren und Geheimräte ausgesprochen, was immer die Regel staatlicher Wirtschaftspolitik in einem sozialen Reiche, in einem Volksstaate sein muß. Und es wäre ein Jammer, wenn die Lehren des Krieges auf diesem Gebiete rasch vorüber gehen sollten und bald nachher wieder das Geld die Hauptsache würde statt Brot, Fleisch und Kartoffeln. Über Produktionsgewinn steht die ausreichende gesunde Versorgung, über Dividenden das kulturgemäße Dasein der Millionen. Man wird künftig gegenüber Einwendungen von der Unmöglichkeit sozialer Einrichtungen stets auf die Leichtigkeit ihrer Durchführung im Jahre 1914/15 hinweisen können; und gegenüber Befürchtungen vor der staatlichen Regelung die Frage aufwerfen, ob es denn wirklich heute so schlimm und unerträglich ist.

Gewiß brauchen und sollen nicht alle einzelnen Maßnahmen der Kriegszeit dauernd erhalten werden. Wir wollen und dürfen uns künftig wieder anderen, freieren Gewohnheiten anpassen. Aber unbedingt erhalten müssen wir den Grundgedanken staatlicher Wirtschaftspolitik: die gute Versorgung der Gesamtheit. Und unbedingt erhalten müssen wir die Forderung, von der das Eltzbachersche Buch die Durchführung seiner Vorschläge abhängig macht: „Daß der einzelne sein persönliches Interesse rückhaltlos dem Wohle der Gesamtheit unterordnet." — Wenn das „sozusagen sozialistisch" ist, so gibt es für einen Bürger keinen schöneren Ehrentitel.

VI. Von sozialem Geschäfte.

20. Gegen den Kriegswucher!

Nie war das deutsche Volk so sozial wie jetzt; eine mächtige Welle vaterländischen Empfindens, starken Gemeinschaftsgeistes hat hinweggespült, was den Kern unseres Volkes verdeckte und vielen vorher Sorgen machte. Zehn Millionen Männer folgen ohne Besinnen dem Rufe unter die Fahnen; zwei Millionen drängten sich zur Kampfgefahr, ehe sie gerufen wurden; andere Millionen Männer und Frauen arbeiten rastlos an der Beseitigung von Not, an der Heilung von Wunden, an der Erhaltung des Wirtschaftslebens. Jeder setzt sein bestes ein, um den Sieg des Reiches zu fördern. Denn jeder weiß, daß vom Vaterlande und seinem Schicksale auch das eigene Glück, die eigene Zukunft abhängt.

Nur an einer Stelle ist die Woge vorübergerauscht; an einer Sandbank sieht man statt klärender Wellen nur Schlamm abgesetzt. Nie war das deutsche Geschäftsleben so unsozial wie jetzt. Es steht im vollsten Widerspruche zu allem anderen; in einem Widerspruche, der für den sozial empfindenden Menschen einfach unbegreiflich ist. Ich verstehe es, wenn der Amerikaner die Weltlage rücksichtslos zu Geschäftsgewinnen ausnutzt und würde es nur anständiger finden, wenn er jede Scheinheiligkeit dabei unterließe. Ich würde es verstehen — wenn auch aus tiefstem Herzen bedauern —, wenn deutsche Bürger mehr Sinn für ihre Person als für ihr Vaterland hätten. Aber die unsozialen Geschäftsleute sind ja dieselben, die freudig ihr Vaterland verteidigen. Der Abgeordnete Friedberg hat im preußischen Landtage sich entrüstet über den Liebknechtschen Vorwurf, daß die herrschenden Klassen aus dem Kriege ein gutes Geschäft machen; er hat auf die zahllosen Angehörigen der „herrschenden Klassen" hingewiesen, die auf den Schlachtfeldern in Ost und West kämpfen und bluten; er hat offenbar nicht gemerkt, daß er damit gar nichts bewiesen, sondern eine Unbegreiflichkeit anerkannt hat.

Zwei Millionen Bürger haben über das Gesetz hinaus freiwillig ihrem Vaterlande Leib und Leben angeboten — mehr können sie doch nicht bieten. Aber nicht zwei Dutzend Fabrikanten haben der Heeresverwaltung angeboten, ihr den notwendigen Bedarf zu Selbstkosten mit üblicher Verzinsung zu liefern. Nicht zwei Landwirte oder Händler haben sich ernstlich gegen die allgemeine Verteuerung der Lebensmittel gestemmt, die dem Reiche die Kriegskosten unnötig erhöht und dem Volke das Durchhalten unnötig erschwert. Dieselben Leute, die freudig in den Kugelhagel rücken, versuchen rasch noch vorher einen übertrieben hohen Gewinn auf Kosten der Gesamtheit oder der Mitbürger einzustreichen. Ohne Ausnahme finden auf allen Gebieten Preissteigerungen statt, auch wo von einer Erhöhung der Herstellungskosten gar keine Rede ist. Jeder nimmt, was er kriegen kann. Der Wucher ist zur allgemeinen Verkehrssitte geworden.

Und was das schlimmste ist: er wird tatsächlich als Sitte anerkannt. Während alle andere Moral schärfer geworden, ist die Geschäftsmoral im Kriege laxer als sonst. Wer sich der Wehrpflicht entzieht, ist ein Schuft; aber wer seine Vorräte dem Verkehre entzieht, um die Preise zu treiben, ist ein kluger Geschäftsmann. Höchst achtbare Leute, die bisher mit Käse handelten, übernehmen jetzt Lieferung von Granaten, um einen Teil des 200 Proz.-Gewinnes als Vermittlergebühr in die Tasche zu stecken. Andere achtbare Leute, die vielleicht Gummi oder Nähmaschinen fabrizierten, spekulieren jetzt in Lebensmitteln, um an deren Hochtreibung d. h. an der Not der Bevölkerung mit zu verdienen. Und keiner von ihnen schämt sich! Denn er tut ja nur, was allgemeine Verkehrssitte und als solche anerkannt ist.

Und die Benachteiligten? Sie schelten auf die anderen und machen es ebenso, wenn sie können; oder bedauern, daß sie nichts zu verkaufen haben, an dem sie 200 Proz. verdienen können. Sie rufen nach Staatshilfe, aber sind zu träge zur Selbsthilfe. Die Selbsthilfe der Konsumenten muß in zweierlei bestehen: in der moralischen Ächtung aller Wucherer und in der wirtschaftlichen Ächtung ihrer Erzeugnisse. Wenn unsere Hausfrauen und ihre Männer doch endlich die Macht erkennen wollten, die sie in Händen haben, sobald sie einheitlich handeln! In Wien besteht seit langem eine gute Organisation der Haushaltungen, die schon ausgezeichnete Erfolge erzielt hat. Warum wird sie nicht in allen deutschen Städten nachgeahmt? Alle Nahrungsmittel sind zu ersetzen und zu entbehren. Was über Gebühr hoch im Preise steht (wie z. B. jetzt die Schweine), braucht nur einige Wochen lang von den Konsumenten boykottiert zu werden, um auf einen angemessenen Preisstand zurückzukehren.

Der Staat hat ja Maßregeln gegen einen übertriebenen Wucher in den unentbehrlichsten Nahrungsmitteln ergriffen durch die Höchstpreise. Diese sind meist so hoch gesetzt, daß sie die Regelpreise des letzten Jahrzehnts weit übersteigen. Aber die Höchstpreise sind noch dazu vielfach umgangen worden. Und sie haben, da sie meist nur für Produzenten und Großhändler gelten, nicht eine übermäßige Übervorteilung des Publikums hindern können. Trotz der Strafen gegen Überschreitung der Höchstpreise, trotz behördlicher Mahnungen. Folge: man ruft nach neuen Maßnahmen, neuen Gesetzen . . . Ja, haben wir denn keinen Rechtsschutz gegen solche Vergehen? Oder sind unsere ordentlichen Gesetze außer Kraft?

Vor kurzem haben die preußischen Minister des Handels, der Landwirtschaft und des Inneren an alle Regierungen einen Erlaß zur Beaufsichtigung der Kartoffelpreise im Kleinhandel herausgegeben, in dem es heißt, daß Aufschläge verlangt und gezahlt worden sind, die „zum Teil den Charakter wucherischer Ausbeutung des Publikums trugen". Ja, wissen die Minister denn nicht, daß unsere Gesetze einen Schutz gegen wucherische Ausbeutung gewähren? Warum wenden sie sich nicht an den preußischen Justizminister mit dem Ansuchen, die eigens zu solchen Zwecken geschaffene Staatsanwaltschaft dagegen mobil zu machen? Wir haben doch im Strafgesetzbuche einen § 302 e, der gewerbs- oder gewohnheitsmäßigen Wucher mit Gefängnis nicht unter drei Monaten und zugleich mit Geldstrafe von 150 bis 15 000 Mark bedroht. „Auch ist auf Verlust der bürgerlichen Ehrenrechte zu erkennen."

Gibt es einen schärferen und besseren staatlichen Schutz gegen „wucherische Ausbeutung des Publikums" als solche Strafbestimmung? Zwei Verurteilungen würden genügen, um unser ganzes Geschäftsleben auf andere Grundlage zu stellen. Wenn man erst erfährt, daß Wucher kein Normalzustand im Kriege ist, daß die Ausbeutung der Kriegsnot zu übermäßigem Gewinn zu Gefängnisstrafen und Entehrung führt, dann besinnen sich die Geschäftsleute aller Art. Aber, aber . . . werden unsere Gerichte die Verurteilung aussprechen? Zum Tatbestande des Wuchers gehört nicht nur ein hoher Gewinn und eine Ausbeutung der Notlage oder der Unerfahrenheit eines anderen, sondern auch ein Vermögensvorteil, der „nach den Umständen des Falles in auffälligem Mißverhältnisse zu der Leistung“ steht. Da liegt der entscheidende Punkt. Wenn unsere Gerichte den Standpunkt vertreten, daß die Geschäftsmoral im Kriege nicht unsozialer sein darf als im Frieden, daß die Volksnot ein „Umstand“ ist, der die wucherische Ausbeutung der Mitmenschen in schlechterem Lichte erscheinen läßt, dann kann die Justizverwaltung mit einem Federstriche die Preise auf einen angemessenen Stand bringen, kann den häßlichen Zug wegwaschen, der das erhabene Antlitz unserer Zeit entstellt.

Dann kann zugleich die Heeresverwaltung die Kriegskosten um 100 Millionen vermindern. Denn alle wucherischen Geschäfte sind nach § 138 des Bürgerlichen Gesetzbuches nichtig, und man wird sowohl eine Ausbeutung der „Notlage“ wie der „Unerfahrenheit“ in sehr vielen Fällen anerkennen müssen. Auf das Kapitel der Heereslieferungen soll nicht eingegangen werden. Genug, daß Hunderte von Millionen gespart sein könnten, wenn alle Heereslieferungen richtig vergeben und keine höheren Preise bezahlt würden, als solche, die den Erzeugern das Doppelte des im Frieden üblichen Verdienstes brächten.

Man unterschätze die Bedeutung dieser Frage nicht. Sie liegt nicht nur auf sozial-sittlichem Gebiete, sondern auch auf sehr materiell-volkswirtschaftlichem. Wir wissen noch nicht, ob wir die Kosten des Krieges und seiner Folgen, die Dutzende von Milliarden betragen, von den Gegnern ersetzt bekommen; wir wissen auch nicht, welche Anforderungen während und nach dem

Kriege an die deutsche Volkswirtschaft gestellt werden. Aber das kann schon mit ziemlicher Gewißheit prophezeit werden, daß nach dem Frieden eine allgemeine Teuerung bleiben, vielleicht noch steigen wird, wenn nicht sehr energische Maßregeln rechtzeitig getroffen werden. Diese müssen dahin gehen, daß die Versorgung des Konsums über dem Geldgewinn an der Produktion steht. Ein wichtiges Mittel dazu ist die Beseitigung der Anschauung, daß es in Notzeiten keine Grenze für die Ausbeutung der Mitmenschen und der Allgemeinheit gäbe. Die Militärverwaltung hat in dankenswerter Weise die Arbeiter und Angestellten gegen den Arbeitswucher, d. h. gegen unberechtigte Herabsetzung des Lohnes geschützt. Hoffentlich fehlt ihr weder Sachverständnis noch Energie, sich selbst gegen Sachwucher zu schützen.

Wenn die vorhandenen Rechtsmittel dazu nicht ausreichen sollten, so darf man sich nicht vor einer Ergänzung scheuen. Es müßte erreicht werden, daß nach dem Frieden alle Heereslieferungen einer sachverständigen Prüfung unterzogen und im Falle offenbarer Übervorteilung der Preis nachträglich herabgesetzt, der Überschuß eingefordert wird. Wer hinter die Kulissen geschaut hat und weiß, daß unter einigen hundert Prozent Aufschlag überhaupt nichts verkauft wird, der zweifelt nicht, daß ungeheuere Summen damit erspart werden können.

Noch ein anderes darf nicht vergessen werden. Als Fortsetzung des Wehrbeitrages ist eine Vermögenszuwachssteuer eingeführt worden. Alle drei Jahre muß jedermann sein Vermögen angeben. Ist es um mindestens 10 000 Mark gewachsen, so müssen von dem Zuwachse Steuern bezahlt werden, und zwar in drei Jahren je 1/4 Proz.; nur bei Vermögenszuwachs von mehr als 50 000 Mark und bei Gesamtvermögen von mehr als 100 000 Mark steigt der Steuersatz und erreicht bei Millionengewinnen das Dreifache des genannten Satzes. Also eine ungemein bescheidene Abgabe!

Soll sich das Reich mit diesem winzigen Anteile auch begnügen gegenüber solchen Gewinnen, die im Kriege und am Kriege gemacht worden sind? Das wäre geradezu ein Hohn auf die vielen, die sich mühsam über Wasser halten; auf die vielen, die Beruf und Erwerb verlieren, weil sie dem Vaterlande dienen; auf die vielen, die für den Reichtum der anderen bluten und sterben. Wenn wir eine soziale Geschäftsmoral hätten, wenn das wachsende soziale Verständnis der Gegenwart nicht gerade am Geschäfte fast spurlos vorübergegangen wäre, so wäre es selbstverständlich, das niemand im Kriege sein Vermögen wachsen ließe; daß jeder sich scheute, größere Gewinne als sonst zu machen; daß jeder den Überschuß, zum mindesten doch den Überschuß seiner Einnahmen über seine üblichen Ausgaben, also seinen Vermögenszuwachs, der Allgemeinheit, dem Liebesdienste, dem kämpfenden Heere, den Verwundeten, den Hinterbliebenen zur Verfügung stellte; restlos! Da unsere Wirtschaftsmoral leider das Gegenteil besagt, da sie den Wucher zum allgemeinen Brauche macht und viele Vermögen wachsen läßt, muß das Reich mit Steuerzwang sich einen Anteil sichern. Aber nicht ein Hundertstel des Gewinnes oder noch weniger, wie das Besitzsteuergesetz heute vorschreibt, sondern mindestens ein Zehntel, möglichst ein Viertel oder noch lieber die Hälfte. Mit anderen Worten: vor dem Ende des Jahres 1916 muß eine gesetzliche Bestimmung in Kraft sein, wonach in den Jahren 1917, 1918, 1919 die Zuwachssteuer im fünfzigfachen oder im dreißigfachen, allermindestens aber im zehnfachen Betrage erhoben wird.

Auch eine zweite Änderung des Gesetzes ist nötig, damit nicht die großen Kriegsgewinne versteckt werden können. Es muß vorgeschrieben werden, das Grundstücke und Wertpapiere am 31. Dezember 1916 nicht niedriger geschätzt werden dürfen als am 31. Dezember 1913. Denn es ist sehr möglich, daß bis Ende des nächsten Jahres noch kein regelmäßiger Börsenverkehr wieder besteht oder die Kurse noch gedrückt sind. Wenn wir siegen, werden alle deutschen Werte sicher bald steigen; wer auf russische Anleihen hereingefallen ist, mag den Schaden tragen, wenn er nicht durch die Friedensbedingungen geschützt werden kann. Auch die Bodenpreise werden leider wohl sehr bald eine steigende Tendenz aufweisen (wenn nicht, um so besser!). Es ist also durchaus nicht unberechtigt, wenn man die vorübergehende Minderung der Vermögenswerte, die ja nur eine buchmäßige, keine tatsächliche Einbuße darstellt, nicht berücksichtigt, sondern den Kriegsgewinn ungeschmälert zu erfassen sucht.

Wenn nachträglich die Hälfte der Kriegsgewinne in die Reichskasse fließt und zu sozialen Zwecken Verwendung findet, so ist wenigstens teilweise das Unrecht gutgemacht, das an ihrem Erwerbe hängt. Vielleicht kommt durch diese Steuer auch manchem zum Bewußtsein, in welchem schreienden Widerspruche das deutsche Geschäftsleben zu den übrigen Seiten deutschen Volkstumes steht; und vielleicht erwächst daraus der Anfang einer neuen, sozialen Moral.

21. Wohlfahrt und Geschäft.

Unser ganzes Wirtschaftsleben beruht auf dem Profit des einzelnen. Niemand macht sich Gedanken darüber, mit welchen Kosten und auf wessen Kosten dieser Profit erzielt worden ist. Wenn ein geschickter Unternehmer durch Grundstückshandel, Stadterweiterung u. dgl. reich geworden ist, zieht jeder den Hut vor

8*

ihm; niemand fragt, welchen Einfluß seine Spekulationen auf die Steigerung der Grundrente und des Bodenpreises, auf die Zusammendrängung von Menschen in Mietskasernen und damit auf Gesundheit, Sittlichkeit und Glück von hunderten gehabt haben. Die Million, die ein Schnapsfabrikant ohne Verletzung der Strafgesetze erworben hat, sichert ihm die Achtung seiner Mitbürger; niemand fragt nach den Wirkungen seiner Tätigkeit, nach dem Schicksal der Trinker, nach den Millionen, die Staat und Gemeinde vielleicht zur Versorgung der Familien, deren Laster und Unglück den Fabrikanten reich gemacht hat, aufzuwenden haben. In der amtlichen Exportstatistik prangen stolze Zahlen, die für den Kenner eine traurige Verarmung des deutschen Volkes anzeigen. Was Gerhard Hauptmann in seinem Weberdrama geschildert, das lebt in weniger krasser Form noch heute in lieblichen Gebirgstälern, in den Hinterhäusern der Großstädte: Heimarbeiterelend, bei dem einzelne Unternehmer reich werden, bei dem die Gesamtheit Volksvermögen zusetzt, weil die überlange Frauen- und Kinderarbeit bei Hungerlöhnen einen Raubbau schlimmster Art bedeutet. Wenn wir von der Rentabilität eines Unternehmens sprechen, so denken wir nur an die Verzinsung des darin arbeitenden Sachvermögens. An die Verzinsung des menschlichen Kapitals, an das Schicksal der arbeitenden Bürger denken wir nicht.

Wie tief diese falsche Anschauung in unserem Denken verankert ist, kommt erst zum Bewußtsein, wenn man sich das Gegenstück klar macht. Wir stecken so in privatwirtschaftlichen, unsozialen Gesinnungen, daß es fast als Schande gilt, Geld in gemeinnütziger Weise zu verdienen. Ein Volksgift darf ich mit Riesenreklame absetzen und schweres Geld dabei verdienen — erst dieser Verdienst aus der Volksschädigung adelt meine Tätigkeit. Aber wenn ich ein Heilmittel erfinde, so verlangt die Menschheit, daß ich es ihr kostenlos, höchstens zum Selbstkostenpreise, zur Verfügung stelle. Wer sein Vermögen mit Tuberkulin oder Salvarsan verdient, setzt sich schweren Vorwürfen aus. Wer für seinen Privatprofit arbeitet, kann keine bessere Reklame für sich machen, als wenn er auf seinen Gewinn hinweist. Wer für öffentliche Interessen eintritt, kann nicht schwerer diskreditiert werden als durch den Vorwurf, daß er Geld dabei verdiene. Der schlimmste Vorwurf ist der des „bezahlten Agitators". Darin steckt natürlich ein manchmal berechtigter Kern. Es gibt für die öffentliche Moral kaum etwas gefährlicheres als die Unterstellung politischer oder sozialer Ansichten unter den reinen Erwerbs- und Geschäftsgesichtspunkt. Meinungsschacher wird noch gar nicht genug verachtet. Aber umgekehrt ist nichts törichter als die landläufige Ansicht, daß ein Bürger eine seiner Überzeugung entsprechende Vertretung von Gesamtinteressen dadurch beschmutzt, daß er seine wirtschaftliche Existenz darauf gründet. Denn damit wird alle soziale Tätigkeit zu einer Nebenbeschäftigung gemacht, während wir dahin kommen müssen, daß recht viele Bürger es als ihre Hauptarbeit ansehen, im Dienste der Gesamtheit tätig zu sein.

Wir sind eben in einer Übergangszeit, die ihre Moralanschauungen noch nicht den wirtschaftlichen Grundlagen mit Berufsspezialisierung, Arbeitsteilung und Geldverkehr angepaßt hat. Die staatlichen Kammern für Ärzte und Anwälte wetteifern mit den Gerichten in dem Bemühen, diese nicht zu „geschäftlichen Erwerben herabsinken" zu lassen und erklären sie für sittlich höher stehend als die Berufe des Kaufmanns oder Fabrikanten. Daß man aus Kunst und Wissenschaft seinen Lebensunterhalt oder gar ein Vermögen erwirbt, erscheint vielen noch als eine Entweihung aller Ideale — ohne daß gesagt wird, wovon denn sonst der Künstler leben soll.

Es ist eine der dringendsten Aufgaben der Kulturerziehung, privates Geschäftsinteresse und Gemeininteresse in Einklang zu bringen. Der einzelne darf nicht mehr rücksichtslos seinen Vorteil wahrnehmen, ohne Sorge, wie seine Tätigkeit auf andere wirkt. Umgekehrt muß es dann auch ein besonderes Lob sein, wenn jemand sein Vermögen mit einer nützlichen Arbeit verdient hat. Denn durch die Verbindung sozialen Betätigungsdranges mit privatem Vorteil können wir einen ungemein größeren Einfluß ausüben als durch die gegenwärtige Form der Gemeinnützigkeit, die immer etwas Nebensächliches bleibt.

Ich behaupte z. B., daß niemand ein so großes Verdienst an der Bekämpfung der Schundliteratur hat, wie der Verlag Reclam mit seiner Universalbibliothek. Und wenn der Verlag etwa nachwiese, daß er mit dieser Bibliothek kein Geld verdient hat, so würde das weder meinen Respekt vor seiner Leistung noch meine Freude an dem Unternehmen heben. Ich wünsche im Gegenteil einem solchen „Geschäft" sicheren Gewinn, damit es ausgedehnt und auch von anderen aufgenommen wird, wie es in diesem Falle längst geschehen ist. Der Verlag des „Kosmos" hat jahrelang heftige Anfeindungen erfahren, weil er die Verbreitung guter naturwissenschaftlicher Bücher mit privatem Gewinn betreibt — Anfeindungen, die ihm sicher erspart geblieben wären, wenn er Schundromane und Räubergeschichten verlegte! Das Hauptverdienst an der Bekämpfung der Fuselpest in Oberschlesien haben nicht die wohlmeinenden Prediger gehabt, sondern die Brauereien, die billiges, gutes Flaschenbier ins Haus lieferten. Als gelegentlich einer der zahlreichen Reichsfinanzreformen des letzten Jahrzehnts die Sozialdemokratie den Schnaps boykottierte, war die glänzendste Gelegenheit zum Kampfe gegen den Alkohol — wenn mit allen Künsten des modernen Geschäftsbetriebes andere, gesündere Getränke an seine Stelle gesetzt worden wären. Damit konnte auch Geld verdient werden; unsere gemeinnützigen Antialkoholvereine aber scheuten die Verbindung mit dem „Geschäft" und so wurde nichts getan.

Wo bliebe der technische Fortschritt, wenn nicht die Hoffnung auf Gewinn zu den übrigen Reizen hinzukäme! Unser Patentrecht hat hier einen sehr verständigen Gedanken, indem es die Möglichkeit gibt, Erfindungen von allgemeiner Bedeutung zu enteignen, d. h. sie der Allgemeinheit freizugeben — aber gegen volle Entschädigung des Erfinders. Es gäbe nichts törichteres, als den Gewinn an solchen nützlichen Dingen zu beseitigen und damit das Interesse der Erfinder nur auf sozialschädliche Dinge zu lenken. Einen solchen Fehler macht unser Patentgesetz, indem es dem Angestellten seine Erfindung nimmt, sie dem Arbeitgeber zuweist — und damit uns um viele wertvolle Fortschritte verkürzt. Der Gesamtnutzen sollte bei der Reform des Gesetzes maßgebend sein.

Auf ein Nebengebiet führt uns das Beispiel der Schokoladenfirma Sarotti, die seit Jahren Propaganda für Einführung einer besonderen Sommerzeit macht. Am 1. April sollen alle Uhren um eine Stunde vor-, am 1. Oktober sollen sie wieder zurückgestellt werden. Die Einrichtung, die uns im Sommer eine Stunde mehr Tag geben würde, ist sicher sehr zu begrüßen. Zweifellos werden viele sich daran stoßen, daß die Werbung für eine gesundheitliche Reform zur Geschäftsreklame „mißbraucht" wird. Aber wir können uns nichts besseres wünschen, als daß dieses Beispiel allgemeine Nachahmung findet; daß die Geschäftswelt uns nicht nur mit Bergen von Zeitungspapier überschüttet, nicht nur unsere Augen mit Lichtreklamen martert, sondern die Empfehlung ihrer Erzeugnisse in eine Form kleidet, die neben den Privatinteressen der Firma auch öffentliche Interessen fördert.

Ansätze zu einer Besserung der früheren Zustände sind auf allen Gebieten vorhanden. Die Kaufleute, die sich schämen, wertlosen Schund auf den Markt zu bringen und auf sozial schädliche Weise reich zu werden, mehren sich. Es mehrt sich auch das Verantwortungsgefühl der Käufer, die sich darum kümmern, unter welchen Arbeitsbedingungen die gekauften Gegenstände hergestellt worden sind. Alle diese Ansätze können nicht besser gefördert werden als durch die allgemeine Verbreitung der Überzeugung, daß es eine Ehre ist, sein Geld in einer Weise zu verdienen, die neben dem Erwerbe zugleich auch dem Volksganzen dient.

22. Kulturtheater.

Die öffentliche Erörterung über die Notwendigkeit und den Wert des Theaters, über seine Entwicklung und seine Grundlagen hat im letzten Menschenalter erhebliche Wandlungen durchgemacht. Die Schiller, Wagner, Immermann schrieben und sprachen von der Bedeutung als Kunst-, als Erziehungs-, als „nationaler" Anstalt. Das wurde sehr in den Hintergrund gedrängt durch die wirtschaftlichen Erwägungen, als an die Stelle der Hoftheater die Theatergeschäfte traten. Wie läßt ein „gutes" Theater sich rentabel machen? Das war die große Frage. Dann führte die wachsende Not und das Beispiel der Fabrikarbeiter die Schauspieler und andere Bühnenangestellte zur Organisation; seit einigen Jahren steht die Schauspielerfrage im Vordergrunde; sie hat die Veröffentlichung von Theatergesetzen in Deutschland und Österreich bewirkt. Und jetzt erhebt sich von hier aus die Diskussion zu der vereinigenden Höhe, daß alle drei Seiten der Theaterfrage auf das engste zusammenhängen, daß die Sicherung sozialer Arbeitsverhältnisse die Voraussetzung sei für die Erfüllung der künstlerischen Aufgaben des Theaters, daß beides nur möglich sei durch Beseitigung des gegenwärtigen Geschäftscharakters der Theaterunternehmung. Unmittelbar vor dem Ausbruche des Weltkrieges, der das Theaterleben plötzlich stocken und dann — leider — in alten Bahnen weiterlaufen ließ, versandte die Genossenschaft deutscher Bühnenangehöriger (in Berlin) ein Schriftchen von dem Syndikus des Kartells der Verbände der deutsch-österreichischen Bühnen- und Orchestermitglieder, das knapp und scharf die Forderungen der Angestellten an die Bühne als Arbeitgeber und die Forderungen der Allgemeinheit an die Bühne als Kulturfaktor vereinigt, den Zusammenhang zwischen beiden betont und den Weg zur gemeinsamen Lösung zeigt. Es ist von Dr. Ludwig Seelig in Mannheim verfaßt und heißt „Geschäftstheater oder Kulturtheater?". —

Der Titel kündigt schon den Inhalt an: Als die Theaterkunst aus dem Tempel auf die Landstraße ging, als sie vom Gottesdienste zum Gaukelspiele wurde, da geschah ihr noch nicht das Schlimmste. „Die Tragik erfüllte sich, als das Theater zum Geschäfte wurde. Als die Kunst zur Handelsware wurde, hörte sie auf, die Kunst zu sein." „Das Geschäftstheater hat den Menschen zum Werkzeug gemacht, zum Mittel, mit welchem man Geld verdient." Darum die rücksichtslose Ausnutzung der Arbeitskraft des Bühnenpersonals. Darum der „Raubbau an seiner Gesundheit"; darum möglichst häufiger Wechsel, Vorliebe für Anfänger, kurze Kontrakte, rücksichtslose Entlassung in der Sommerzeit, wenn der Betrieb nicht lohnt. Die Geschäftsunternehmer verbinden sich solidarisch zu gleicher — Rechtlosigkeit der Schauspieler. Nur in der gegenseitigen Abtreibung der „Zugkräfte“ tobt die Konkurenz sich aus; deren übertriebene Kosten drücken auf die Gagen der Masse. Ihr wird nicht nur ein Teil des Risikos, auch ein Teil der Betriebskosten (Kostüme, unbezahlte Vorproben) auferlegt. Zu welchen Zuständen, zu welcher Abhängigkeit das führt, hat noch jüngst der Prozeß Schrumpf in München deutlich genug gezeigt.

Ähnlich gefährlich ist das Geschäftsprinzip für die Kunstleistungen. Da es in erster Linie gilt, volle Häuser zu machen, unterwirft sich das Theater blindlings dem vermeintlichen Geschmack der Masse. Kassenfüllender Schund ist die eine Folge, Reichhaltigkeit des Spielplanes auf Kosten der Durcharbeitung des einzelnen die andere: „Massenbetrieb des Warenhauses“.

Diesem Bilde stellt Seelig das des Kulturtheaters gegenüber, das der Kunst dienen will. Seine erste Voraussetzung ist „ein Stamm von tüchtigen, selbständigen, hingebenden, solidarisch wirkenden Künstlern“. Der ist nur zu erreichen durch Schaffung sicherer, befriedigender Anstellungsbedingungen, durch dauerndes, harmonisches Zusammenwirken der Kräfte miteinander und mit der Leitung. Die oft geschilderten Arbeitsbedingungen der Bühnenangehörigen und ihre Reformwünsche sollen hier nicht dargestellt werden. Es ist nur natürlich, daß in einer Schrift ihrer Gewerkschaft die Bedeutung der Arbeitsbedingungen stark in den Vordergrund gestellt wird. Kein Kenner wird sie leugnen können. Und wer die soziale Frage der Schauspieler nicht an den Anfang der sozialen Fragen des Theaters setzen möchte, wird seine besondere Beachtung dem Umstande schenken müssen, daß die Genossenschaft deutscher Bühnenangehöriger „in bewußter Anlehnung an die soziale Standesbewegung das Kulturtheater mitzufördern sucht“. Der erste praktische Versuch ist die Übernahme des städtischen Theaters in Guben-Forst durch die Angestelltengewerkschaft.

„Das Geschäftstheater schickt sich an, uns zu verlassen." Denn das Theatergeschäft, das einer nationalen Theaterkultur im Wege steht, ist im ganzen ein höchst unrationeller Betrieb. Durch den Saisonbetrieb, den ständigen Personalwechsel, die vielen Reisen usw. werden zwecklos Mittel und Kräfte vergeudet. Durch das Abstoßen bewährter Kräfte wird ein großer „Fonds an Anhänglichkeit des Publikums, an Kunst und Intelligenz verschleudert." „Es ist in sich widerspruchsvoll, wenn die Theater glauben, durch die Pflege weniger guter Kunst die Mittel aufbringen zu können, um damit besserer Kunst zu dienen." Sie verderben sich damit nur den Rest von Publikum und von Geschmack. Das durch den Wettbewerb großgezogene „Starsystem" mit seinen riesigen Kosten gibt den Rest. Wir stehen heute vor dem vollständigen Zusammenbruche des Geschäftstheaters.

Die Rettung sieht Seelig (in Übereinstimmung mit vielen anderen) in einem grundsätzlichen Wechsel der Anschauung. Das Theater gehört nicht in die Reihen der gewinnbringenden Gewerbe, sondern in die der gemeinnützigen Kulturanstalten, neben Schulen, Museen usw. Der Staat hat fast nichts auf diesem Gebiete getan, außer Zuschüssen zu Grenz- und Hoftheatern. „Die Hoftheater, berufen, Kulturführer zu sein, werden zum Bollwerk der Rückständigkeit." „Die Zukunft des Kulturtheaters hängt von der Theaterpolitik der Gemeinden ab." Und nun schildert Seelig die Entwicklung der städtischen Theater von der reinen Verpachtung über wachsende Zuschüsse zur eigenen Regie. Seine Schrift gipfelt in den Vorschlägen, daß die großen Städte ihre Theater ganz auf eigene Rechnung, nur nach künstlerischen und sozialen Gesichtspunkten verwalten; die kleineren sich zu einem Theaterstädtebunde vereinigen, damit ihr gemeinsames Theater an zwei bis acht Plätzen elf Monate hindurch spielen kann; daß die Kulturtheater sich zu einem Bunde gegen die Geschäftstheater zusammenschließen, während ein allgemeiner deutscher Theaterverein private Mittel zur Durchführung der großen Reform beschafft; daß schließlich an den Kunstbühnen wieder die Schauspieler zur Leitung kommen, statt des Geschäftsmannes.

In einem kurzen Schlußkapitel bekämpft Seelig den Zweifel an genügendem Interesse, genügendem Kulturbedürfnis des deutschen Publikums und stellt ein soziales Ideal auf: „Nicht nur eine Kulturanstalt, eine Kulturanstalt des Volkes muß das Theater der Zukunft sein." Damit meint er die Heranziehung der Massen zum Theater und nennt als Mittel: „billigere Preise, mehr Plätze, passendere Aufführungszeiten, Heranbildung durch Vorträge in der Schule, durch die Presse, durch besondere Theaterzeitungen, durch korporativen Zusammenschluß der Theaterfreunde usw.".

Dieses Zukunftsideal ist gewissermaßen ein quantitatives: die Theaterkultur soll Gemeingut unserer 70 Millionen Volksgenossen werden. Nichts ist gesagt über ein qualitatives Ideal: was denn nun als Theaterkultur den Millionen geboten werden soll. Ist das nebensächlich? oder besteht darüber keine ernsthafte Meinungsverschiedenheit? oder war es nur Vorsicht des Verfassers, der seine packende Streitschrift nicht mit weiteren streitenden und strittigen Dingen beschweren wollte? Es liegt mir fern, hier dieses große Problem im ganzen aufzurollen. Nur einen Punkt möchte ich herausgreifen, weil er bisher in allen Erörterungen zu wenig, fast gar nicht beachtet ist. Hat unsere

Gegenwart überhaupt eine Kultur? und worin besteht sie? Zehren wir nicht zum größten Teil von Kulturgütern der Vergangenheit, die unter ganz anderen sozialen Bedingungen geschaffen sind und zu den heutigen schlecht passen? Liegt nicht ein klaffender Widerspruch darin, wenn uns Kultur etwas vom übrigen Dasein Getrenntes ist, wenn sie uns „über den Alltag erheben“ soll? Ist es möglich, daß der Banause wöchentlich einmal auf Stunden zum Kulturmenschen wird? Ist wirklich alles gewonnen, wenn zwanzigmal so viel Leute ins Theater gehen wie jetzt, und wenn diese sich an Schiller mehr freuen als an Kadelburg, an Wagner mehr als an Guilbert? Muß nicht das Ziel sein, den Menschen insgesamt mit „Kultur“ zu durchtränken? Gehört dazu nicht vor allem eine kulturgemäße Gestaltung des Alltags? eine Auffassung, welche die gesamten Lebensbedingungen des zwanzigsten Jahrhunderts kulturgemäß wertet und umgestaltet? Müßte nicht eine Hauptaufgabe des Kulturtheaters sein, dieses Verständnis zu wecken, zugleich mit dem Willen zur Umgestaltung der Kulturlosen? Und bedarf es dazu nicht einer Bühnenliteratur, die wir noch nicht haben?

Es ist auffallend, daß Dr. Seelig mit keinem Worte auf die Abhängigkeit des Theaterelends von unserer gesamten sozialen Verfassung eingeht, obwohl er den Kernpunkt vollkommen richtig erkannt hat. Das Elend des Geschäftstheaters beruht darauf, daß es „den Menschen zum Werkzeug gemacht hat, zum Mittel, mit welchem man Geld verdient“. Aber ist das nicht das Wesen unserer gesamten heutigen — Kulturlosigkeit? Der Unterschied des kapitalistischen Geistes von seinem Vorgänger liegt (wie man in Werner Sombarts Schriftchen sehr hübsch lesen kann) vor allem darin, daß die natürlichen Dinge auf den Kopf gestellt sind, der Mensch vom Zwecke zum Mittel geworden ist. Wie beim Theater, so ist bei der Zeitung und bei manchem anderen der Zweck eines Unternehmens weniger die Unterhaltung oder Belehrung der Menschen, als ein Geldgewinn. Stiefel und Hosen werden nicht fabriziert, um Menschen zu bekleiden, sondern um Geld zu verdienen, Häuser nicht gebaut, damit Menschen darin wohnen, sondern vor allem, damit Grundrente verdient wird. Und fünf Sechstel aller Erwerbstätigen (oder mehr) arbeiten nicht, um sich ihren Fähigkeiten und Kräften gemäß nützlich zu betätigen, sondern um den Unterhalt zu erwerben.

Das Geschäftstheater ist nur ein Stückchen aus dem modernen Geschäftsleben, bei weitem nicht das schlimmste. Und wenn mit sehr triftigen Gründen verlangt wird, daß die Kunst aufhört, Handelsware zu sein, so darf der Volkswirt darauf aufmerksam machen, daß es auch andere, viel „profanere" Dinge gibt, deren Befreiung aus der verkehrten Zweckordnung der heutigen Wirtschaft noch viel dringender ist. Bei aller Hochachtung vor dem „Kulturtheater des Volkes" will es mir noch viel wichtiger erscheinen, daß die Ernährung und Wohnung des Volkes nicht mehr eine „Handelsware", d. h. nicht mehr in erster Linie eine Gelegenheit zum Geldverdienen sei. Denn was nützt der Theaterbesuch des „Volkes", solange Millionen nicht satt essen, solange Millionen schlechter wohnen als (nach einem bekannten Kaiserworte) die Schweine von Kadinen?

Damit will ich gewiß nichts gegen die wertvollen Reformbestrebungen für das Theater sagen. Große Reformen müssen sich viel weniger nach der absoluten Wichtigkeit als nach der Möglichkeit ihrer Verwirklichung richten. Meine Andeutungen sollen nur hinter die Seeligschen Vorschläge und Forderungen noch die weitere setzen: daß zum Kulturtheater auch eine Mitarbeit an der Schaffung moderner Kultur gehört. Wir müssen wieder lernen, wozu wir arbeiten und was wir arbeiten; wir müssen die Kultur in den Alltag bringen. Das geschieht aber nur, wenn wir den Menschen selbst wieder in den Mittelpunkt aller privaten und gesellschaftlichen Tätigkeit bringen. Der Mensch ist das Maß aller Dinge; um der Menschen willen sind alle Einrichtungen geschaffen; Leistung, Wohlfahrt und Glück der Millionen müssen das höchste Ziel aller staatlichen Organisation sein. In den Dienst dieser Gedanken und ihrer Durchführung muß auch das Theater sich stellen, wenn es seine Aufgabe als Kulturfaktor voll erfüllen will. Es dient damit auch sich selbst, denn in dem Maße, wie die allgemeine „Kultur" wächst, die Grundlage unserer Gesellschaft sich sozial gestaltet, in diesem Maße steigt auch die Dringlichkeit und die Möglichkeit des sozialen Kulturtheaters.

23. Kultur-Enteignung.

Während unser Recht der Bodenenteignung ungenügend und als Landesrecht zersplittert ist, kennen wir anderen Dingen als Grundstücken gegenüber überhaupt die Enteignung nicht[1]). Wenigstens nicht den Namen, während die gesetzliche Wegnahme von Rechten, die oft faktisch mit einer Wegnahme von wirtschaftlichen Werten und Gebrauchsgegenständen verbunden ist, alle Tage vorkommt. Im Grunde ist ja alles Recht eine Beschränkung der privaten Befugnisse. Auch Steuergesetze, Postordnungen usw. enteignen Privatbetriebe. Aber nicht in dieser allgemeinen Anwendung soll hier von Enteignung gesprochen werden.

---

[1]) Abgesehen von Ausnahmezuständen, wie sie der Krieg uns so vielfach zeigt. Auf sie braucht hier nicht eingegangen zu werden, da meine Anregungen für die regelmäßigen Zustände der friedlichen Zukunft gelten sollen.

Mit Recht wird eine Erweiterung des Enteignungsrechtes auf alle Fälle verlangt, in denen das Wohl der Allgemeinheit eine Verfügung über Privatbesitz erfordert. Das muß ausgedehnt werden über das Grundeigentum hinaus auf alles Privateigentum. Und wenn es im allgemeinen für bewegliche Sachen keine praktische Bedeutung hat, weil diese nicht enteignet zu werden brauchen, sondern neu hergestellt werden können, so erhält es eine große Bedeutung für solche Güter, bei denen die Herstellung tatsächlich oder rechtlich ausgeschlossen ist. Das erste ist der Fall bei seltenen Naturschätzen oder einzigartigen Kunstwerken, das letzte bei Dingen, die unter den „Schutz" des Urheberrechtes oder Patentrechtes fallen.

Es ist eins der bedenklichsten Zeichen für den unsozialen Charakter unseres Rechtes, daß auch das moderne Recht des sogenannten „geistigen Eigentums" ein reines Vermögensrecht ist. Die privatwirtschaftliche Ausbeutung einer Erfindung, eines Kunstwerkes oder dergleichen, das ist sein einziger Inhalt; und dabei steht die Verzinsung des in der Ausbeutung angelegten Kapitals noch über der Rücksicht auf den Menschen, dem wir die technische oder künstlerische Idee verdanken. „Geistiges Eigentum" kann durch Geldgeschäfte „übertragen" werden wie anderes. Mit Kulturwerten kann man handeln wie mit alten Kleidern oder neuen Kartoffeln. Und der soziale Schutz ist hier geringer als bei anderen Geschäften. Mir ist kein Fall bekannt, in dem ein Verlagsvertrag für ungültig erklärt wäre, weil er eine Bewucherung des Autors bedeutete; kein Fall, in dem ein Kunsthändler, der das Werk eines Verstorbenen um das Zehnfache des Ankaufspreises veräußerte, zur Herausgabe eines Teiles an die Erben verurteilt wäre.

Dieser Mangel an sozialer Rücksicht wirkt auch auf das

Verhältnis des „geistigen Privateigentümers" zur Allgemeinheit. Wenn ich ein erlesenes Kunstwerk kaufe, so ist es mein Privateigentum und ich kann damit machen, was ich will. Wenn es bisher in einem Museum der Öffentlichkeit zugänglich war, ich kann es einschließen und jedem den Anblick wehren. Niemand kann mich zwingen, eine Nachbildung und Vervielfältigung zuzulassen. Und wenn mich die tolle Laune anwandelt, es zu zerstören, so kann niemand es mir verwehren. Im Gegenteil, vor einem Kulturfreunde, der das Bild bewahren möchte, muß die Polizei mich schützen, muß den Hausfriedensbrecher abhalten, damit ich ungestört meinen Vandalismus begehen kann. Wenn ich das Geld habe, ein Kunstwerk zu kaufen, pfeife ich auf Volk, Kultur und andere „Phrasen", vor denen das deutsche Recht mich schützt.

Mit einer Ausnahme! Wenn mein Besitz ein Bauwerk oder eine Naturschönheit ist, so kann ich nicht ganz nach Belieben damit verfahren, sondern in einigen Staaten besteht ein Gesetz gegen die Verschandelung landschaftlicher Schönheiten oder zum Schutze kulturgeschichtlich wertvoller Bauten. Auf Grund dieses Gesetzes kann mich die Gesamtheit hindern, mein Eigentumsrecht auszuüben, kann mich hindern, etwas Häßliches zu bauen oder etwas Schönes zu zerstören. Hier ist der bescheidene Anfang dessen, was ich *Enteignung aus Gründen der Kultur* nennen möchte. Der hier zaghaft angedeutete Gedanke muß erweitert werden!

An Stelle der Landesgesetze muß ein Reichsgesetz treten, das gewisse Mindestregeln für den Schutz der Gesamtkultur gegen den Erwerbssinn oder den Barbarismus einzelner festlegt. An Stelle öffentlicher Wirtschaftsinteressen, die bisher das Enteignungsrecht vorwiegend beherrschen, müssen die Kulturinteressen im weitesten Sinne treten. Von dem bisher allein behandelten Grundbesitz muß der Enteignungsgedanke auf alle Privatrechte ausgedehnt werden.

Dabei muß natürlich auch der Weg der Enteignung ein vielfacher sein. Wie schon beim Schutze von Naturschönheiten die „Enteignung" nicht in einer Übertragung sondern in einer Beschränkung des Eigentums besteht, so ist auch anderen Kulturwerken gegenüber ein öffentlicher Erwerb nicht notwendig (und der Kosten wegen auch nicht stets möglich). Es genügt eine Sicherung des im Privateigentume befindlichen Werkes für die Allgemeinheit. Italien hat einen Anfang gemacht mit der Beschränkung des Kunstexports. Der Staat müßte das Recht erhalten, die Eigentümer bestimmter Kunstwerke zur öffentlichen Ausstellung und zur Gestaltung der Nachbildung zu zwingen.

Der „Ausführungszwang", der in einzelnen Bergrechten für die Erwerber von Abbauberechtigungen besteht, müßte auch auf alle Gebiete ausgedehnt werden. Für Grundeigentum wird er ja seit längerem diskutiert und durch eine Differenzierung der Grundsteuer praktisch geübt. Aber er hat auch große Bedeutung gegenüber dem geistigen Eigentume. Unser heutiges Patentrecht ist nur das Verbot an alle, eine Idee auszunutzen. Ein Zwang für den Berechtigten zur Ausnützung liegt nur in dem Verfallen. Auch hier müßte in bestimmten Fällen der Staat die Möglichkeit haben, Erfindungen von Kulturbedeutung (zur Rettung von Menschenleben, zur Unfallverhütung oder dergleichen) zu enteignen und allgemein freizugeben.

Unser Urheberrecht erlaubt mir, ein wertvolles Werk zur Nichtveröffentlichung zu erwerben. Wenn ich es bezahle, kann ich der Welt Poesien, Musik oder wissenschaftliche Erkenntnisse von höchstem Werte vorenthalten. Oder ich kann sie dem „Volke" vorenthalten, indem ich eine teure Luxusausgabe veranstalte, die von neun Zehnteln der Bevölkerung nicht erworben werden kann. Hier müßte die Enteignung entweder auf den Zwang zu einer billigen Volksausgabe oder auf die Freiheit des Nachdrucks gehen.

Der Wege sind viele. Und über die Einzelheiten brauchen wir uns noch nicht den Kopf zu zerbrechen. Worauf es jetzt ankommt, ist der Grundgedanke, daß überall die Gesamtinteressen höher stehen müssen als die Privatinteressen der einzelnen. Das soziale Recht soll nicht nur hindern, daß der einzelne der Gesamtheit positiven Schaden zufügt, sondern auch, daß er ihr einen Nutzen vorenthält.

VII. Zum Abschluß.

24. Wirtschaft und Kultur.

Worin ist die Generation von morgen der von heute überlegen? — In erster Linie darin, daß sie zahlreicher ist. Unsere Väter in Deutschland waren vierzig Millionen, wir sind heute achtundsechzig, unsere Kinder werden achtzig und neunzig Millionen sein. Diese Steigerung der Volkszahl, diese Erweiterung des Lebensraumes ist die Großtat moderner Zivilisation, vor allem moderner Technik und Arbeitsorganisation. Wer überhaupt das Leben bejaht, wird diesen Erfolg auf der Habenseite unseres Jahrhunderts buchen. Und dazu noch ein anderes: Trotz der riesigen Steigerung der Volkszahl auf gleichbleibender Fläche sind die Lebensbedingungen eines jeden einzelnen im Durchschnitt besser geworden. Das deutsche Volk nährt sich heute besser als vor hundert Jahren, es kleidet sich besser, es wohnt besser (trotz alles Mietskasernenelendes!); es ist im Durchschnitt der Massen gesunder und lebt länger; es ist auch besser ausgebildet, weiß mehr, steht geistig auf höherer Stufe . . . ich glaube, wir machen uns nur schwer eine richtige Vorstellung von dem Elend und dem Stumpfsinn der hörigen Massen früher; denn was wir aus jener Zeit wissen, betrifft ausschließlich die Oberschicht der Machthabenden, Gebildeten, die noch dünner war als heute.

Diese optimistische Anschauung der Entwicklung darf uns natürlich nicht hindern an schärfster Kritik des Bestehenden und energischer Besserungsarbeit. Denn so erfreulich die heutigen Zustände sind im Vergleich zu früheren, so unbefriedigend, teilweise entsetzlich sind sie im Vergleich zu dem, was sein sollte und sein *könnte* — und was deswegen geleistet werden muß.

Ich will hier nicht von unseren staatlichen Einrichtungen sprechen, nicht von den politischen und sozialen Streitfragen, die jahraus, jahrein in der öffentlichen Erörterung umgewälzt werden. Viel bedeutsamer erscheint die Frage, ob wir überhaupt eine „Kultur" besitzen. Allgemein kann diese Frage natürlich nicht verneint werden. Aber noch weniger möchte ich sie zu bejahen wagen. Denn wenn ich das Treiben der Mehrheit meiner Zeitgenossen ansehe (und mein eigenes dazu), dann steigt das Bedenken auf: wie viele von uns „besitzen" denn wirklich etwas von den hohen Gütern innerer Kultur, die in reichster Fülle um uns aufgestapelt liegen? Und wenn ich nach den neuen Kulturwerten suche, die den besonderen Lebensverhältnissen des zwanzigsten Jahrhunderts entwachsen sind, dann sehe ich wenig mehr als einzelne, bescheidene Ansätze, sehe auf der anderen Seite breite Abwege, auf denen die neuen Wirtschaftsbedingungen unsere Kultur entgleisen ließen. Deswegen wage ich die Behauptung: uns modernen Menschen fehlt zur modernen Kultur noch fast alles! Und wenn die letzte Generation die wirtschaftlich-technischen Vorbedingungen einer neuen Menschheit geschaffen hat, eine auf Beherrschung der Naturkräfte gegründete Massenzivilisation, so steht vor dem kommenden Geschlechte die große Aufgabe, eine neue, soziale Kultur auf diesem geweiteten, bereicherten Boden zu bauen.

Das Ziel ist das alte: jedes einzelne Glied unseres Volkes

zu einer tüchtigen, reifen, wertvollen Persönlichkeit zu machen und diese dann möglichst wirksam in den Dienst der Gesamtheit zu stellen. Nur ist die Aufgabe heute eine ganz andere als zur Zeit Goethes, der uns das Wort vom „höchsten Glück der Erdenkinder" geschenkt hat. Denn heute handelt es sich nicht mehr um eine Oberschicht von literarisch Interessierten, sondern um das deutsche Volk, das achtundsechzig Millionen zählt und demnächst achtzig Millionen zählen wird. Um ein Volk unter der Herrschaft des Kapitalismus, des Großbetriebes, der Arbeitsteilung, der Maschine, des Weltverkehrs, das zur Hälfte in Großstädten gedrängt wohnt und zu drei Vierteln vom Lohne lebt.

Die Fülle der hieraus erwachsenden Probleme kann im Rahmen eines Aufsatzes auch nicht andeutungsweise erschöpft werden. Nur auf eine Seite soll kurz eingegangen werden, die am unmittelbarsten mit den wirtschaftlichen Umwälzungen zusammenhängt und vielleicht das schwerste Hindernis neuen Kulturmenschentums darstellt. Die Neuordnung unserer Arbeit zusammen mit der Neuordnung unserer Staatsauffassung hat den Sinn der Arbeit in das Gegenteil verkehrt. Als Bürger eines Verfassungsstaates können wir nicht der Sklavenmoral huldigen, wonach die Masse des Volkes arbeitet zugunsten der wenigen Bevorzugten. Aber wir haben auch nicht gelernt, wozu wir denn arbeiten — oder vielleicht haben wir es im Getöse des technischen Fortschrittes verlernt.

Die Industrialisierung der Welt hat die Arbeitsmöglichkeit ins Unbegrenzte erhöht. Es gibt kein Menschenleben und keine Lebensstunde, für die nicht eine gewinnbringende Beschäftigung vorhanden wäre. Und es gibt keinen Gewinn, der nicht genützt werden könnte. Das hat dieses Hasten und Jagen in unser

Leben gebracht, das uns um unser Leben bestiehlt. Die meisten Erwerbtätigen (und nicht nur die Armen, die Proletarier) sind zu Arbeitstieren geworden, deren höchste Sehnsucht ist, einige Wochen im Jahre „ausspannen“ zu können, um „Menschen“ zu sein. Beruf und Erwerb hat die Menschen so erfaßt, daß sie sich einbilden, darin läge des Lebens Zweck; daß sie sich und ihre Familie vernachlässigen über dem Berufe oder gar über dem Erwerbe; daß sie meinen, der Mensch lebe, um zu arbeiten oder gar um Geld zu verdienen — während doch Arbeit nur ein Mittel zum „Leben“ und Geldverdienen nur ein Umweg zu diesem Mittel ist. — Fachmenschen!

Die Arbeitszerlegung im Großbetriebe (in Gewerbe, Handel, Verwaltung u. a.) hat den Erfolg der Tätigkeit jedes einzelnen ungemein erhöht, zugleich aber jede einzelne Teilarbeit so einfach, so gleichförmig, so unselbständig, so sinnlos gemacht, daß ihre Verrichtung keine Befriedigung gewährt. Und alle sozialen Einrichtungen werden nicht zu der damit erstrebten Zufriedenheit führen, wenn es nicht gelingt, den Menschen so viel Verständnis für die Zusammenhänge beizubringen, daß sie den Sinn und Wert ihrer Arbeit begreifen — damit sie Freude daran haben können. Solange das nicht geschieht, ist der größte Teil des Volkes während des größten Teiles seines Daseins nur eine hämmernde oder feilende oder sägende Maschine, die „Lohn“ arbeitet — als ob Lohn ein Selbstzweck wäre.

Maschine und Großbetrieb sind unermüdlich darin, nicht nur den Menschen Arbeit abzunehmen, sondern auch diese Arbeit gleichmäßig zu machen. Und der wachsende Verkehr treibt die gleichen Erzeugnisse über immer größere Räume. Wir stehen nicht mehr weit von dem Zustande, daß es für den Verbrauch der großen Masse über das ganze Land hin nur noch wenige

„Typen“ gibt. Dieses Ausscheiden alles Besonderen, Persönlichen aus dem Konsume beschränkt sich nicht auf rein materielle Dinge, sondern erstreckt sich auch auf die geistigen; es ist zugleich verbunden mit einer starken Übermacht der Produzenten, die den Konsum beherrschen. Sie machen die Moden, nach denen die Verbraucher sich richten. Sie bestimmen, was die Millionen essen, wie sie sich kleiden, wie sie wohnen, was sie in der Zeitung lesen, was sie wissen und glauben. Auch der Staat mit Schulpflicht, Wehrpflicht und manchem anderen trägt zu dieser Uniformierung des ganzen Lebens bei, die es den einzelnen immer schwerer macht, Eigene zu sein. — Schablonenmenschen!

Die Übermacht der Produktion hat die bedenkliche Folge, daß diese als das Maßgebende angesehen wird. Alle unsere staatliche Wirtschaftspolitik ist Produzentenpolitik — und damit zugleich Rentenpolitik. Das Bedürfnis der Getreideverkäufer und Viehzüchter steht vor dem Interesse der Brot und Fleisch essenden (oder nicht essenden) Millionen. Zugunsten der Zuckererzeuger wurde das Saccharin wie ein gefährliches Gift verboten. Und wenn die Chemie uns heute billiges künstliches Brot brächte, so würde es voraussichtlich mit schwersten Strafen verfolgt werden. Auch unser Urheber- und Patentrecht wird beherrscht vom Interesse derer, die in der Verwertung von neuen Gedanken ihr Geld werbend anlegen.

Das geht so weit, daß ohne Rücksicht auf den Bedarf produziert wird. In der gewerblichen Tätigkeit werden alle Hebel in Bewegung gesetzt, um den Bedarf zu erweitern, neue Bedürfnisse zu wecken, weil deren Befriedigung Gewinn verheißt. Das Mißverhältnis des Produzierens zur kaufkräftigen Nachfrage führt von Zeit zu Zeit Wirtschaftskrisen herbei. Auf geistigem

Gebiete, in Kunst und Wissenschaft merkt man solche Krisen nicht — hier besteht ein ständiges Mißverhältnis zwischen Angebot und Nachfrage. Die Hälfte unserer geistigen Produktion ist im Grunde ziemlich wertlos, weil sie kein aufnehmendes Publikum findet. — Als ob der Mensch auf der Welt wäre, um gewisse landwirtschaftliche und gewerbliche Erzeugnisse zu verzehren (und zu bezahlen)! Oder als ob ein großer Gedanke, ein Gedicht, ein Bild an sich Wert besäße. Den wirklichen Wert verleiht ihm doch erst der Mensch, der genießt! Was uns zur sozialen Kultur fehlt, sind Konsumenten für die Kulturgüter, die in überreichem Maße vorhanden sind und in einer den geringen Bedarf weit übersteigenden Menge geschaffen werden.

Eine Folge der geschilderten Umstände ist es auch, daß wir mit dem Worte „Arbeit" fast ausschließlich den Begriff der Erwerbstätigkeit verbinden. Nützliche, wertvolle Arbeit scheint uns nur noch Berufsarbeit zum Geldverdienen. Nur diese Arbeit wird von der amtlichen Statistik gezählt; nur an sie knüpfen sich die Erörterungen. Beide vergessen, daß ein ungeheuerer Teil der menschlichen Arbeit immer noch unentgeltlich, unberuflich, vom Verbraucher selbst im eigenen Hause, geleistet wird. Und doch ist das die schönste und die wertvollste Arbeit. Das muß vor allem zu Ehren der Hausfrauen gesagt werden, deren Tätigkeit von der heutigen Generation nicht genügend gewertet wird. Es ist eine böse Entgleisung unserer Frauenbewegung, daß sie den Kampf für die Menschenrechte der Frau verknüpfte mit einer Verachtung der häuslichen Frauenarbeit; daß sie glaubte, Frauenarbeit und Frauenkultur zu heben mit dem Hinausdrängen der Frau aus der Hauswirtschaft in das Geldverdienen. Als ob Tütenkleben und Prozesseführen sozial nützlicher sein könnte als

Kinderpflegen! Als ob nicht im Haushalte, in der Regelung des Konsumes, das wichtigste Stück des wirtschaftlichen Kreislaufes läge! Als ob nicht die Heranziehung der künftigen Generation das wichtigste und verantwortlichste Stück Volksarbeit wäre! Der Himmel bewahre uns vor dem folgenschweren Mißgriffe, etwa nur den erwerbstätigen Frauen Bürgerrechte zu verleihen. Denn was wir in Staats- und Gesellschaftsleitung brauchen, sind gerade die anderen: die Hausfrauen und die Mütter, die noch nicht verlernt haben, daß der Mensch die Hauptsache ist.

Der Mensch ißt, um zu leben. Aber nicht seine Lebens- und Konsumbedürfnisse sind maßgebend für unsere materielle und ideelle Produktion, sondern die Erwerbsinteressen der Produzenten. Die Produktion wird vom Profit beherrscht, einerlei, mit welchen Kosten er gewonnen wird. Ob Ewigkeitsgedanken oder Schundliteratur, ob Lebensgüter oder Volksgifte, alles gilt uns gleich. Weder Kanonen- noch Alkoholfabrikation, weder Opiumimport noch Talmivertrieb noch sonst eine vom Strafgesetzbuche nicht verbotene Erwerbsart vermindert die Achtung vor dem damit verdienten Reichtume. Wer fragt nach denen, die am Konsum der Güter zugrunde gegangen sind! Und nach denen, die bei der Herstellung zugrunde gehen! Wenn wir von der Rentabilität eines Unternehmens sprechen, meinen wir nur die Zinsen, die das Sachkapital darin bringt; fragen wir nicht nach den Menschen, die darin arbeiten. Und doch sind sie das wichtigste „Kapital“, das der Unternehmer für sich arbeiten läßt, ein Kapital, das ihn nichts kostet, das die Volksgemeinschaft ihm kostenfrei zur Verfügung stellt im Arbeitsvertrage, und das er ihr zurückgeben kann, wenn es ihm paßt — wenn er es ausgenutzt hat. Die Aufzucht unserer achtundsechzig Millionen

Menschen in Deutschland hat vielleicht tausend Milliarden Mark gekostet, das ist dreimal soviel als alle Sachgüter, die man als Volksvermögen zu zählen pflegt. Und diesen ungeheueren Reichtum stellt das Volk den wirtschaftlich Mächtigen zur Ausbeute frei, ohne die nötigen Sicherheitsmaßregeln dafür, daß er rationell verwendet wird. Im Gegenteil: da der Unternehmer nur an der gegenwärtigen, nicht an der künftigen Leistungsfähigkeit des jederzeit kündbaren Arbeiters interessiert ist, da die staatliche Sozialpolitik noch in den Anfängen steckt, so wird mit menschlicher Arbeitskraft und Gesundheit ein schrecklicher Raubbau getrieben.

Das ist der schlimmste Fehler unserer Zeit, daß sie tut, als wäre der Mensch ein Ding, das im Überflusse vorhanden und wertlos sei. Mit Menschenökonomie muß alle Reformarbeit beginnen. Der Gedanke, daß der Mensch selbst Inhalt und Zweck aller staatlichen und gesellschaftlichen Ordnung ist; daß es für Staat und Gesellschaft kein höheres Ziel geben kann und geben darf, als recht viele gesunde, leistungsfähige, aber auch arbeitsfrohe, glückliche Menschen zu vereinen: dieser Gedanke muß beherrschend werden. Dann werden wir von den Abwegen, deren einige hier angedeutet sind, auf richtige Bahnen gesunder Entwicklung kommen.

Die jüngste Vergangenheit hat die Vorbedingungen für eine neue, auf breiteste Grundlage gestellte Volkskultur gegeben. Diese soziale Kultur zu schaffen, ist die Aufgabe der nächsten Zukunft und ihrer Jugend.
